Lucy Tremayne liebt Tiere – und sie liebt das aufregende Leben auf der Hollybrook Farm.
Die Tiere in Lucys Nähe scheinen zu spüren, dass sie ihr vertrauen können. So erlebt Lucy ein Abenteuer nach dem anderen …

Lucy entdeckt am Strand einen Esel, der von seinem Besitzer sehr vernachlässigt wird. Er bekommt viel zu wenig Futter und Wasser und schließlich soll er an den Schlachthof verkauft werden. Doch Lucy kann ihn retten. Ihre Eltern sind nicht sehr erfreut über noch ein Tier auf dem Hof. Nun muss Donald beweisen, dass er für die Farm nützlich ist und sich sein Futter verdienen kann.

LUCYS TIERE

Mary Hooper

Bleib bei uns, Donald

Aus dem Englischen von Ulla Neckenauer
Illustrationen von Anthony Lewis

UEBERREUTER

ISBN 3-8000-2060-2

Aus dem Englischen von Ulla Neckenauer
Originaltitel: »A Lamb for Lucy«, »Lucy's Donkey Rescue«
First published in 2000 by Macmillan Children's Books

Umschlagillustration von Ulrike Heyne

Druck: Ueberreuter Print
7 6 5 4 3 2 1

Ueberreuter im Internet: www.ueberreuter.at

ERSTES KAPITEL

Lucy Tremayne gähnte, drehte sich auf den Bauch und bohrte die Zehen in den Sand. Sie genoss die Sonne, die auf ihren Rücken schien, und das Gefühl, nichts zu tun zu haben. Es war August und sie hatte Ferien. Lucys Mutter hatte sie und Kerry, ihre kleine Schwester, zu einem Ausflug an den Strand von Westerley mitgenommen, wo sie den Tag verbringen wollten.

Lucys Eltern bewirtschafteten die Hollybrook Farm, einen auf Milchviehhaltung spezialisierten Hof etwas außerhalb von Bransley, einem hübschen, ländlichen Dorf der Grafschaft Devon im Südwesten Englands. Etwa eine Meile von der Farm entfernt hatte Bransley einen eigenen, steinigen Strand. Honley, die nächstgelegene größere Stadt, war sechs Meilen entfernt. Zu den ungefähr fünfzig Milchkühen der Tremaynes kamen noch zwei Hunde, einige Schafe, eine Hühnerschar und etliche Katzen. Lucy hatte auch ein eigenes Haustier – Rosie – ein Lamm, das sie mit der Flasche aufgezogen hatte.

Am Strand jedoch gab es keine Kühe, die man melken, keine Kälber, die man füttern, keine Eier, die man sammeln, und keine Hunde, hinter denen man herräumen musste. Nicht dass Lucy das Leben auf der Hollybrook Farm oder die Arbeit mit den Tieren nicht gefallen hätte – sie liebte sie alle miteinander – aber gelegentlich war es schön, einfach mal zu faulenzen.

Gerade als Lucy drauf und dran war einzuschlafen, sagte ihre Mutter plötzlich: »Ich bin am Verhungern!«, und weckte sie damit auf.

Julie Tremayne, deren Haarfarbe und Teint

Lucy geerbt hatte, war eine attraktive Frau. Sie trug ihr lockiges Haar mit einem Gummiband hochgebunden, aus dem sich jetzt ein paar Strähnen gelöst hatten. »Lucy, kannst du ein Weilchen auf Kerry aufpassen?«, fuhr sie fort. »Ich möchte zum Café hinauf und uns ein paar Sandwiches holen.«

Lucy seufzte, rollte sich auf den Rücken und setzte sich auf.

»Pass auf, dass sie nicht zu viel Sand isst!«, mahnte ihre Mutter, während sie Kerrys dralle Handflächen abrieb. »Und lass sie keine Steine in den Mund nehmen!« Sie stöberte in der Strandtasche nach ihrem Geldbeutel. »So, was für ein Sandwich möchtest du haben?«

»Käse, Ei oder Tunfisch«, antwortete Lucy und strich sich das lange blonde Haar hinter die Ohren.

»Tuunfich!«, brabbelte Kerry. »Tuunfich … Tuunfich!« Sie hatte vor kurzem zu sprechen begonnen und wiederholte wie ein Papagei die Wörter, die ihr gefielen.

»Ich hätte wirklich belegte Brote machen sollen«, murmelte Lucys Mutter. »Aber ich wollte mir mal einen richtig freien Tag gönnen. Es ist wirklich eine große Erleichterung, einmal keine Gäste im Nacken zu haben.«

Erst dieses Jahr hatte Lucys Mutter damit begonnen, zahlende Gäste aufzunehmen. Viele kamen aus hektischen Großstädten und erhofften sich von einem Urlaub auf dem Bauernhof ganz neue Eindrücke, Ruhe und Erholung.

»Wann kommen denn die nächsten?«, fragte Lucy.

»Am Wochenende«, antwortete ihre Mutter. »Es sind nur zwei – Mrs Mason und ihre Tochter Natasha. Sie kommen Freitagnachmittag von London herunter.«

»Wie alt ist diese Natasha?«

»Ungefähr in deinem Alter, denke ich. Ich hoffe, du kannst sie ein bisschen unter deine Fittiche nehmen.«

»Mache ich, wenn sie nett ist.«

»Bestimmt ist sie das«, gab ihre Mutter zurück. »Vielleicht kann sie dir mit den Tieren helfen und –«

Sie wurde plötzlich von Kerrys Geheul unterbrochen, die aufgestanden, ins Schwanken gekommen und der Länge nach in den Sand gefallen war, genau auf das scharfe Ende einer Krabbenschere.

Mrs Tremayne hob sie auf, befreite sie vom Sand und holte eine Packung feuchte Tüchlein hervor, um ihr das Gesicht zu säubern.

»Weißt du was?«, meinte Lucy mit einem Blick auf ihre kleine Schwester. »Ich werde die Sandwiches holen. Und du passt auf Kerry auf!«

Ihre Mutter lachte, stimmte jedoch zu. Sie gab ihr den Geldbeutel und bestellte für sich Schinken-Sandwiches und eine Packung Orangensaft.

Lucy überquerte den heißen Sand in Richtung der Promenade, die hinter dem Strand verlief. Dort gab es mehrere Cafés. Westerley war ein ziemlich großer Urlaubsort mit Pier, modernem

Einkaufszentrum und mehreren Campingplätzen. In der Nähe der Promenade, wo der Sand gräulich verfärbt und mit Bonbonpapierchen und der einen oder anderen Getränkedose verschmutzt war, blieb Lucy plötzlich wie angewurzelt stehen.

Im Schatten der Strandmauer stand ein Esel. Ein struppiger, ungepflegter und trübsinnig wirkender Esel mit hängendem Kopf und geschlossenen Augen.

»Oh!«, hauchte Lucy und ihr Herz flog dem Esel zu. Er sah so traurig aus!

Sie ging zu ihm hin und tätschelte ihm sanft den Nacken. Er hatte ein silbergraues Fell, einen langen, dunklen Schweif und die Haare auf seinem Kopf waren borstig und ziemlich verfilzt. »Fehlt dir was, Eselchen? Was ist los mit dir?«, fragte sie leise. »Du magst wohl die heiße Sonne nicht?«

Der Esel öffnete blinzelnd ein Auge und Lucy kraulte das staubige Fell an seinen Ohren. »Du müsstest im Schatten eines Baumes auf

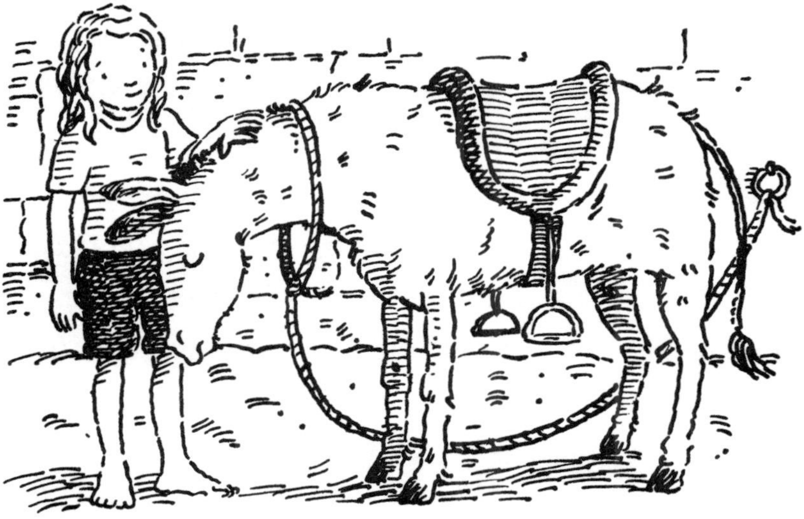

einer schönen Wiese stehen und Gras fressen, findest du nicht auch?« Sie sah sich um. »Wo ist dein Wassereimer? Ich wette, du hast Durst.«

»Ich würde sagen, du bist ein wenig alt zum Eselreiten«, hörte sie eine schroffe Stimme sagen.

Ein ziemlich abgerissen wirkender Mann mit schmutzigem weißem T-Shirt und Hosen, die von einem Stück Schnur gehalten wurden, war hinter ihr aufgetaucht.

»Oh, ich will nicht auf ihm reiten!«, erklärte

Lucy. »Ich habe nur … äh … mit ihm gesprochen. Aber – wo ist denn eigentlich sein Wassereimer?«, fügte sie mutig hinzu.

»Das geht dich nichts an!«, knurrte der Mann.

Lucy war klar, dass er sich über sie ärgerte, deshalb versuchte sie es anders. »Gibt es eigentlich noch viele Kinder, die Lust auf einen Ritt mit einem Esel haben?« Sie zwang sich freundlich und interessiert zu klingen. »Ich meine, bei all diesen Automaten im Freizeitzentrum – geben die Kinder ihr Geld nicht lieber dort aus?«

Der Mann schnaubte. »Das Eselreiten ist heutzutage ein totales Verlustgeschäft«, antwortete er. »Zeit- und Geldverschwendung. Dieses Vieh frisst bedeutend mehr, als es einbringt.«

»Oje!«, seufzte Lucy.

»Und inzwischen bin ich so weit, dass ich ihn kurz halte mit dem Futter, solange er nichts verdient«, fuhr der Mann fort. »Soll ihm halt der Magen knurren.«

»Es ist doch nicht seine Schuld, wenn die

Kinder nicht auf ihm reiten wollen!« Lucy wurde so wütend, dass sie dem Mann am liebsten eine Ohrfeige gegeben hätte. Stattdessen schwieg sie und schluckte mühsam. »Wie … wie heißt er eigentlich?«

Der Mann zuckte mit den Achseln. »Wie er heißt? Er hat keinen Namen. Hat noch nie einen gehabt.«

Der Esel öffnete die traurigen braunen Augen, die Lucy erzählten, dass er sich elend und ungeliebt fühlte.

Ganz gegen ihren Willen entfuhr es Lucy: »Oh, der arme Kerl!«

Als ihr der Mann einen scharfen Blick zuwarf, riss Lucy sich zusammen. »Darf ich ihm ein Sandwich bringen?«

Wieder zuckte der Mann mit den Achseln. »Tu, was du willst. Er frisst alles.«

Ohne ein weiteres Wort hielt Lucy auf das nächste Café zu. Sie hatte die Hände zu Fäusten geballt. Natürlich fraß der arme, alte Kerl alles! Wahrscheinlich war er am Verhungern! Das musste man sich mal vorstellen: Tag um Tag gezwungen zu sein, in der heißen Sonne zu stehen, Kinder den Strand hinauf und hinab zu tragen und nur gefüttert zu werden, wenn es seinem Besitzer danach war. Und nicht mal einen Namen hatte er, der arme Bursche!

Im Café erstand Lucy nicht nur die Sandwiches für ihre Mutter, Kerry und sich selbst, sondern nahm noch ein zusätzliches mit Käse und Tomaten. Als sie an den Strand zurückkam, saß der Mann an die Mauer gelehnt da und las eine Zeitung. Er beachtete sie nicht.

»Da bist du ja! Da, leckerer Käse!«, lockte Lucy und hielt dem Esel das Sandwich unter die Nüstern. »Lass es dir schmecken!«

Der Esel schnupperte, zog die Lippe hoch, öffnete sein Maul und zeigte zwei Reihen großer Zähne, mit denen er das Sandwich von Lucys ausgestreckter Handfläche nahm. Er kaute, schluckte – und dann hob und senkte er leise wiehernd den Kopf, als wolle er sich bedanken.

»Das hat dir geschmeckt, was?«, meinte Lucy,

während sie den warmen Nacken des Tieres kraulte. Zu dem Mann gewandt fragte sie: »Hat er denn keinen Eimer mit Wasser?«

»Da drüben beim Schild«, knurrte der Mann ohne den Kopf zu heben.

Lucy ging hinüber zu dem an der Mauer lehnenden Schild.

ESELRITTE:
EIN SPASS AUS ALTEN ZEITEN!

Darunter stand ein verbeulter Metalleimer.

»Natürlich leer!«, murmelte Lucy empört. Sie öffnete die Flasche Wasser, die sie im Café erstanden hatte, goss sie in den Eimer und brachte ihn dem armen Kerl.

Der Esel schlürfte laut, bis auch das letzte Tröpfchen verschwunden war. Lucy kam in Versuchung, ihm noch eine Flasche zu kaufen, sagte sich dann aber, dass sich ihre Mutter inzwischen bestimmt Sorgen machte. So gab sie ihm einen letzten liebevollen Klaps, warf dem

Mann einen letzten bösen Blick zu und ging zurück.

»Wo hast du denn so lange gesteckt?«, wollte ihre Mutter wissen. »Ich habe mich langsam gefragt, ob du die Sandwiches selber machen musst.«

»Da war nur so ein süßer, kleiner Esel, mit dem ich mich unterhalten habe …«

Julie Tremayne setzte Kerry auf eine Ecke vom Strandtuch, brach von einem Sandwich ein Stück ab und gab es ihr. Kerry beäugte es, fand, dass es ihr nicht zusagte, und warf es in den

Sand. Als eine Möwe niederstieß, um sich das Stück zu holen, kreischte Kerry vor Vergnügen. »Das ist doch nicht für die Vögel bestimmt!«, schimpfte ihre Mutter.

»Vögel … Vögel … Vögel«, plapperte Kerry und wedelte begeistert mit den Armen.

»Der Esel war so traurig, Mam!«, fuhr Lucy fort. »Völlig vernachlässigt stand er da an der Mauer rum. Nicht mal Wasser hatte er.«

Ihre Mutter zog die Augenbrauen hoch. »Ich nehme an, du hast dafür gesorgt, dass er welches kriegt.«

Lucy nickte. »Ich hoffe, du hast nichts dagegen, aber ich habe ihm ein Sandwich gekauft.«

»Also wirklich!«

»Und eine Flasche Wasser.«

»Müsste ich dir eigentlich vom Taschengeld abziehen«, scherzte ihre Mutter.

Lucy aß langsam ihr Sandwich und überlegte sich dabei, wie sie die nächste Frage formulieren sollte. Nach einer Weile rückte sie schließlich damit heraus: »Mam, meinst du nicht, es wäre schön, wenn es auf Hollybrook einen Esel gäbe?«

»Wie bitte?«

»Wir könnten ihn bei den Schafen auf der Weide unterbringen und im Winter könnte er unter mir im Heuschober wohnen und ...«

»Stopp! Ich weigere mich, auch nur darüber nachzudenken!«, wehrte Mrs Tremayne ab. »Mag ja durchaus sein, dass er übel dran ist und ich weiß auch, dass du ein Herz für Tiere hast. Aber so Leid es mir tut – wir können nicht für jedes Tier, mit dem du Mitleid hast, den Retter spielen. Wir haben es auch so schon schwer genug, dein Vater und ich.« Sie tätschelte Lucy am Arm. »Tut mir Leid, Liebling, es geht einfach nicht.«

»Aber Mam –«

»Schluss jetzt!«, sagte ihre Mutter bestimmt. »Ein Lamm, das durchs Haus trabt und denkt, es gehört zur Familie, haben wir ja schon.« Mrs Tremayne lachte. »Meinst du denn, wir sind ein Heim für Waisen und Streuner?«

Lucy gab keine Antwort. Sie sah zu dem armen, mit gesenktem Kopf dastehenden Esel hin und seufzte schwer.

ZWEITES KAPITEL

Lucy saß zu Hause in ihrem Zimmer, sah auf ihre Hausaufgaben hinunter und grübelte. Seit ihrem Ausflug zum Meer waren zwei Tage vergangen, aber sie bekam den Esel nicht mehr aus dem Kopf. Sie hatte mal gehört, dass es Einrichtungen gab, wo müde, alte Tiere aufgenommen wurden, wenn sie nicht mehr arbeiten konnten. Gnadenhöfe wurden sie genannt. Jetzt überlegte sie, wie sie wohl herausfinden konnte, ob es hier in der Gegend so etwas gab.

Lucy wohnte auf dem Dachboden des alten, in der Nähe vom Wohnhaus stehenden Heuschobers. Es war ein kleines, niedriges Zimmer, an dessen Dachschräge sich mächtige Holzbalken entlangzogen und wo lustig karierte Vorhänge an den Fenstern hingen. Um es zu erreichen, musste Lucy eine Leiter hochklettern und eine Bodenklappe öffnen. Anfangs war sie wütend gewesen, weil sie ihr großes Zimmer im Haus an die Gäste abtreten musste, aber inzwischen liebte sie ihre weiß gekalkte, lauschige Dachkammer, die süß nach dem Heu roch, das man dort seit jeher aufbewahrt hatte.

Lucy schob ihre Hausaufgaben beiseite. Sie konnte nur noch an eines denken – an den Esel. Sie entschloss sich, nach unten zu gehen und zu schauen, womit ihre Mutter gerade beschäftigt war. Möglicherweise gelang es ihr, das Gespräch noch einmal auf den Esel zu bringen. Vielleicht, vielleicht schaffte sie es ja, ihre Mutter umzustimmen …

Lucy kletterte die Leiter hinunter, ging über den Hof und durch die schwere Eingangstür des Hauses. Sie führte in den Vorraum, wo Gummistiefel, Regenjacken und die großen Hundekörbe untergebracht waren. Hier wohnten nämlich Roger und Podger, Kreuzungen aus Labrador und Border Collie, wenn sie nicht gerade draußen unterwegs waren. Von dort aus betrat sie die große, ziemlich unordentliche Bauernküche mit dem schimmernden grünen Holzherd und dem riesigen, blank geschrubbten Tisch aus Kiefernholz. Lucys Mutter war gerade dabei, für das Kirchenfest Berge von Lavendelzweigen zu Sträußen zu binden. In der Luft hing eine zarte Wolke Lavendelstaub.

»Lucy! Du kommst gerade recht!«, sagte sie. »Da drüben steht ein Rest Fischpastete von gestern Abend.« Sie deutete mit dem Kopf zur Arbeitsplatte. »Würdest du ihn bitte den Katzen bringen?«

Lucy nickte. Es kam nicht oft vor, dass die Hofkatzen gefüttert wurden – gewöhnlich versorgten sie sich selbst, indem sie auf die Jagd nach Mäusen und anderem kleinen Getier gingen und aus den Trögen der Kühe Trockenfutter stahlen. Sie waren alle in unterschiedlichen Kombinationen schwarzweiß gefärbt und Lucy wusste nie so recht, wie viele es gerade waren. Drei oder vier vermutlich – oder vielleicht auch nur zwei, die viel umherrannten. Halbwild wie sie waren, schliefen sie unten im Heuschober oder in einem der anderen Nebengebäude. Ins Haus wagten sie sich nie.

»Vielleicht entdeckst du ja irgendwo die kleinen Kätzchen«, fuhr Lucys Mutter fort und schnupperte genüsslich am Lavendel. »Ein vollkommen schwarzes ist dabei – ich habe gestern einen kurzen Blick darauf erhascht.«

»Mir sind sie überhaupt noch nicht unter die Augen gekommen«, beklagte sich Lucy. Farmkatzen kamen zur Welt und wenn sie alt genug waren, um für sich selbst sorgen zu können, verschwanden sie meistens, um einen eigenen Platz zum Leben zu finden. Da es keine schnurrenden Schmusekätzchen waren, gab sich Lucy Mühe, ihr Herz nicht allzu sehr an sie zu hängen.

Lucy nahm die Schüssel mit den Resten und ging auf den Hof hinaus. Vom großen Melkstall her, der schräg gegenüber lag, konnte sie die Kühe hören, wie sie im Stroh raschelten und sich träge gegenseitig zumuhten. Es war Zeit zum Melken und gerade brachte ihr Vater jeweils sechs davon in den Raum mit der elektrischen Melkmaschine.

»Hierher, Miez!«, rief Lucy. »Miez ... Miez ... Miez ...« Keine Katzen tauchten auf, was Lucy jedoch nicht überraschte. Vermutlich waren sie auf der Jagd und brachten den kleinen Kätzchen bei, wie sie sich ihr Abendessen selbst besorgen konnten. Lucy stellte das Gefäß mit den Resten im Heuschober gleich neben die Tür, wo es bestimmt entdeckt werden würde. Dann überquerte sie den Hof und ging den Weg entlang bis zum Melkstall, um mit ihrem Vater zu reden.

Tim Tremayne war groß, hatte rotblondes Haar und ein von der Sonne gebräuntes Gesicht. Er schenkte seiner Tochter ein breites Lächeln, als er sich hinter einer Kuh aufrichtete. »Jedes Mal kommst du, wenn ich fast fertig bin!«

Er warf ihr einen Lappen zu. »Aber wenn du schon da herumstehst, sei so gut und reib mir diese Kuh ab, ja?«

»Welche?«

»Die schwarzweiße.«

»Schwarzweiß sind sie doch alle!«, gab Lucy grinsend zurück, rieb dann aber rasch über das Hinterteil der ziemlich schlammigen Kuh, die als nächste an der Reihe war. Nun kam ihr Vater her und gab der Kuh einen Klaps, die sich daraufhin brav in den Verschlag bewegte, wo er ihr schimmernde Edelstahltüllen an den Zitzen befestigte. Von dort aus wurde die Milch direkt in einen riesigen Stahltank gepumpt, wo sie dann am nächsten Morgen von einem Tanklastwagen abgeholt werden würde.

Lucys Vater schloss die letzte Kuh an der Melkmaschine an und wischte sich die Hände ab. »Die sind versorgt bis morgen früh«, sagte er. »Zurzeit geben sie ziemlich viel Milch.«

»Dad?«, sagte Lucy zögernd.

Ihr Vater sah sie misstrauisch an. »Was ist? Wenn du in diesem Ton Dad zu mir sagst, so bedeutet das gewöhnlich, dass du etwas von mir willst.«

Lucy machte riesige Augen. »Stimmt nicht! Ich habe mir nur gerade überlegt, wie schön es doch wäre, wenn wir hier auf der Farm einen Esel hätten. Sie sind so nützlich – und wirklich stark. Sie können mühelos Sachen schleppen und alle möglichen Arbeiten erledigen.«

»Nein, danke!«

»Es sind aber hervorragende Arbeiter.« Lucy ließ nicht locker. »Und –«

»Nein!«, erklärte ihr Vater mit fester Stimme. »Deine Mutter hat mir schon von dem Esel erzählt, den du am Strand gesehen hast. Wir haben sowieso schon zu viele Tiere. Vor allem, wenn man dich und deine Schwester mitrechnet«, fügte er mit einem Grinsen hinzu.

Lucy tätschelte die Flanke der Kuh, die ihr am nächsten stand. Vermutlich war es besser, das Thema zu wechseln und ein andermal darauf zurückzukommen. »Sind heute irgendwelche Kälber zu erwarten?«, erkundigte sie sich. Die Kühe der Tremaynes brachten ihre Kälber über das ganze Jahr verteilt zur Welt, also konnte man sich fast jede Woche auf ein neues freuen.

Ihr Vater schüttelte den Kopf. »Erst nächste Woche wieder. In der Zeit, wo die neuen Gäste da sind, müssten wir eigentlich zwei bekommen.«

Lucy nickte. »Sie werden heute noch ankommen.« Sie freute sich ziemlich darauf, wie sie feststellen musste. Bethany, ihre beste Freundin, war mit ihren Eltern in den Urlaub gefahren, also machte es ja möglicherweise Spaß, jemanden zu haben, den man herumführen und den Tieren vorstellen konnte. Wenn diese Natasha nett war, würde sie ihr sogar erlauben, Rosie ein Fläschchen zu geben.

Jetzt, wo ihr Rosie eingefallen war, ging Lucy nicht direkt zum Haus zurück, sondern folgte dem Weg zur Schafweide. Sie lugte über die Hecke, weil sie Rosie – das Lamm, das sie eigenhändig mit der Flasche aufgezogen hatte – sehen wollte, ohne selbst gesehen zu werden. Rosie benahm sich oft wie ein junger Hund. Sobald sie Lucy erblickte, würde sie angerannt kommen, um auf die Arme genommen und ins Haus getragen zu werden.

Schließlich entdeckte Lucy sie am Ende der Wiese. Sie und ein anderes Lamm hopsten und sprangen blökend in Kreisen umeinander herum. Zwar war Rosie – in Lammjahren gerechnet – inzwischen zum Teenager herangewachsen, doch sobald die Sonne schien, packte alle jungen Tiere der Übermut. Lucy lächelte. Rosie war in Topform, dabei war sie nach der Geburt ein so mageres, kleines Ding gewesen.

Und wieder musste Lucy an den Esel denken. Wenn sie ihn doch nur retten könnte, diesen traurigen, einsamen Kerl, und den gleichen Zauber auf ihn wirken lassen könnte.

Als Lucy zum Hof zurückkam, stand das große, eiserne Tor offen und auf dem Hof war ein grüner Mini geparkt. Ein Mädchen saß auf dem Beifahrersitz, während eine große, gequält aussehende Frau ein paar Koffer aus dem Kofferraum holte. Lucy wurde sofort klar, dass das Mrs Mason und Natasha sein mussten.

Lucy schloss das Tor hinter ihnen. »Hallo!«, sagte sie. »Hatten Sie eine gute Reise?«

Die Frau stieß einen Seufzer aus. »Es war fürchterlich! Ab Salisbury Plain kamen wir nur noch im Schneckentempo voran, weil alles verstopft war.«

Lucy schenkte ihr ein mitfühlendes Lächeln.

»Ich heiße Lucy«, sagte sie. »Meine Mutter ist im Haus. Sie wird Ihnen einen schönen Tee kochen, mit einem Stück selbst gebackenen Apfelkuchen dazu, das wird Ihnen gut tun.«

Die Frau lächelte dankbar und klopfte dann aufs Autodach. »Steig aus, Tash!«, sagte sie. »Du kannst mir mit dem Gepäck helfen!«

Lucy sah zu dem Mädchen hinein. Es war

etwa in ihrem Alter, hatte blondes, straff zu zwei Zöpfchen zurückgekämmtes Haar, Sommersprossen und kurze, stoppelige Stirnfransen. Es saß regungslos da und starrte zu Boden.

Roger und Podger, die der Meinung waren, neue Spielkameraden seien angekommen, sprangen am Wagen empor und bellten ihr Willkommen.

»Du brauchst keine Angst zu haben. Roger und Podger sind wirklich lieb«, sagte Lucy.

»Komm jetzt, Tash!«, drängte die Frau mit gespielt fröhlicher Stimme. »Du kannst doch nicht die ganze Woche im Auto sitzen bleiben!«

Das Mädchen rührte sich nicht. »Doch, kann ich, wenn ich will«, hörte Lucy sie murmeln.

Die Frau seufzte. »Na gut. Wie du meinst.« Lucy fand, dass sie klang, als hätte sie jetzt wirklich die Nase voll. Für Lucy brachte sie jedoch noch ein Lächeln zu Wege. »Geh voraus, Herzchen!«, sagte sie. »Ich brauche jetzt unbedingt ein Tässchen Tee!«

Lucy führte Mrs Mason in die Küche und signalisierte ihrer Mutter mit den Augen, irgendetwas sei komisch an den neuen Gästen. Was, zum Kuckuck, war mit dieser Natasha los? Was immer es auch sein mochte, Lucy konnte sich nicht vorstellen, dass sie mit diesen neuen Gästen viel Spaß haben würden.

DRITTES KAPITEL

»Also ehrlich!«, sagte Lucy zwei Tage später. »Ich war nett zu Natasha, wirklich. Ich habe alles versucht. Ich habe sie sogar gefragt, ob sie die neuen Küken sehen will. Und wisst ihr, was sie geantwortet hat?«

Lucys Mutter sah zur Tür. »Psst!«, machte sie leise. »Sieh mal, ich weiß, dass es schwierig ist, Schatz, aber –«

»Nichts!«, verkündete Lucy empört. »Gar nichts hat sie gesagt. Sie sah mich nur an, zog ein Gesicht und ging weg.«

»Ich glaube, sie hat eine schwierige Zeit hinter sich«, erklärte Julie Tremayne, während sie den Frühstückstisch abräumten. »Ihre Eltern, Mr und Mrs Mason, haben sich nämlich getrennt.«

Lucy krauste die Stirn. »Oh …«

»Mrs Mason hat mir erzählt, ursprünglich hätte es so ausgesehen, als käme Natasha damit klar. Doch neuerdings sei sie wirklich launisch und seltsam geworden. Sie will auch nicht darüber reden. Ich glaube, Mrs Mason macht sich große Sorgen um sie.«

»Aber das ist keine Entschuldigung für Natasha, so schlechte Manieren an den Tag zu legen«, sagte Lucy. »Und als du sie gerade eben gefragt hast, ob sie ein Ei zum Frühstück will, da hat sie gesagt: ›Von Eiern wird mir schlecht!‹ Einfach so. ›Von Eiern wird mir schlecht.‹«

Lucys Mutter hob Kerry von ihrem Kindersitz und stellte sie auf dem Boden ab. »Ich weiß, dass es für dich schwer ist und sie ist wirklich ziemlich unangenehm, aber ich fürchte, du wirst dich damit abfinden müssen. Wir hatten ja schon einige wirklich reizende Gäste, Natasha ist die Erste, die schwierig ist, also hatten wir ja insgesamt eigentlich Glück.«

»Früh-stü!«, rief Kerry, die auf wackligen Beinen den Tisch umrundete. »Früh-stü!«

»Natasha mag nicht mal unsere Rosie!«, erklärte Lucy hitzig. »Wie kann jemand Rosie nicht mögen!«

Die beiden hoben den Kopf, als draußen ein Auto hielt. Lucy ging zum Fenster um zu sehen, wer es war.

»Mr Mack«, meldete sie, als sie den schmutzigen Landrover mit dem hochwandigen Anhänger ihres Nachbarn sah. »Was mag er nur wollen?«

»Wenn er zu deinem Vater will, dann hat er Pech gehabt«, sagte Julie Tremayne, deren Mann geschäftlich nach Honley gefahren war.

Mr Mackintyre war der Besitzer der angrenzenden Thorny Acres Farm. Er war ein meist in Tweed gekleideter alter Junggeselle mit einigen hundert Schafen und wusste so gut wie alles, was es über das Farmvieh zu wissen gab. Lucy mochte ihn sehr. Damals, als sie sich um Rosie, das verwaiste Lamm, hatte kümmern müssen, hatte er ihr mehr als einmal geholfen.

Sie ging zur Tür und bat Mr Mack in die Küche, wo er seinen Stock drehend und seinen Backenbart kratzend dastand, von Kopf bis Fuß der Gentleman-Farmer, der er war.

»Ich bin gerade auf dem Weg nach Westerley, um ein paar Ersatzteile für meinen Traktor vom

Bahnhof abzuholen«, sagte er mit dröhnender Stimme. Bei dem Wort Westerley merkte Lucy auf. »Ich habe mich gefragt, ob eine der Damen Lust hätte, mich zu begleiten.«

»Sehr nett von Ihnen«, sagte Julie Tremayne lächelnd, »aber die Gäste, die im Augenblick bei uns wohnen, essen abends bei uns mit und ich muss noch kochen. Außerdem will ich mit dem Melken anfangen, falls Tim nicht rechtzeitig heimkommt.«

»Ich fahre mit!«, sagte Lucy. Westerley! Vielleicht sah sie ihren Esel wieder! »Ich darf doch, nicht wahr, Mam?«, bat sie. »Du brauchst mich doch hier nicht, oder?«

»Na ja, vermutlich nicht.« Ihre Mutter runzelte ein wenig die Stirn. »Obwohl ich gehofft habe, du würdest mit Natasha etwas unternehmen.«

Lucy tat so, als hätte sie Letzteres nicht gehört. »Werden wir genug Zeit haben, damit ich an den Strand runtergehen kann?«, erkundigte sie sich erwartungsvoll bei Mr Mack.

»Ich werde extra einen Umweg fahren«, versprach er.

»Fantastisch!«, rief Lucy und war gerade im Begriff, sich nach Dingen umzusehen, die sich als Eselfutter eigneten, als die Tür aufging und Mrs Mason und Natasha hereinkamen. Lucy sank das Herz. Sie hatte das schreckliche Gefühl, dass sie genau wusste, was nun geschehen würde …

Und so war es auch. Julie Tremayne stellte Mr Mack vor und fügte dann hinzu: »Mr Mack, würde es Ihnen etwas ausmachen, einen weiteren Passagier zu befördern? Natasha kennt Westerley noch nicht und würde es sich bestimmt gern ansehen.«

»Mit Freuden«, sagte Mr Mack und fügte hinzu: »Wir können im Eiscafé Halt machen und einen Eisbecher essen.«

Lucy sah zu Natasha hinüber, doch deren Gesicht war das reinste Gewitter. »Keine Lust«, maulte sie. »Ich hasse das Meer!« Das Wort Meer sprach sie aus, als wäre es etwas Albernes und Kindisches.

»Tash, Liebling –«, begann ihre Mutter verlegen.

»Sowieso bleibe ich heute in meinem Zimmer!«, verkündete Natasha. »Den ganzen Tag!« Damit stampfte sie türknallend hinaus und schwere, wütende Schritte erklangen von der Holztreppe her.

»O je ...«, seufzte Mrs Mason, während Lucy und ihre Mutter Blicke tauschten.

»Sieht so aus, als bliebe es bei einem Passagier«, meinte Mr Mack munter. »Lucy, wir werden also unsere Erdbeerbecher mit Schlagsahne ganz alleine essen müssen.«

»Könnten Sie mich hier absetzen?«, fragte Lucy, als sie langsam die Promenade entlangfuhren. Sie hatte aus dem Augenwinkel das altersschwache Schild gesehen, das für Eselritte warb. Sie konnte es kaum erwarten, bis sie aussteigen und nachsehen konnte, wie es dem armen Kerl ging.

»Ja, wenn du mir versprichst in Sichtweite

der Straße zu bleiben und mit niemandem zu reden«, antwortete Mr Mack. Dann fügte er hinzu – denn Lucy hatte ihm unterwegs von dem Esel erzählt –: »Außer natürlich mit deinem vierbeinigen Freund.«

Lucy nickte. Sie kannte die Regeln.

»Ich werde nicht lange brauchen«, meinte Mr Mack. »Ich bleibe erst mal hier sitzen, um meine Papiere zu ordnen, dann fahre ich zum Bahnhof die Ersatzteile abholen. Sobald sie in den Anhänger geladen sind, komme ich wieder her. Halt Ausschau nach mir!«

Lucy, die schon ganz ungeduldig wurde, nickte wieder. Sie nahm die Tüte mit dem, was sie zu Hause an Futter hatte finden können. Halb rutschte sie, halb fiel sie aus dem Landrover. »Bis nachher!«

Sie eilte über die Promenade und schaute dabei über die Mauer zum Strand hinunter. Ja! Da war er, dieser nette Esel – stämmig, robust und schrecklich traurig, mit verfilztem Fell, geschlossenen Augen und hängenden Ohren.

Lucy rannte über den Sand. »He, Donald!«, sagte sie leise, denn diesen Namen hatte sie inzwischen für ihn ausgesucht. »Wie ist es dir ergangen?«

Beim Klang ihrer Stimme hob der Esel ein wenig den Kopf, er öffnete die Augen und stellte die Ohren.

Lucy streichelte ihm übers Fell, kraulte ihm sanft den Kopf und glättete seine Mähne. »Ich habe leckeres Futter für dich mitgebracht – altbackenes Brot, Kuchen, drei Karotten und einen Apfel. Guten Appetit!«

Der Besitzer des Esels saß auf der Mauer. Er warf einen Blick herüber, doch dann sah er wieder weg. Dass sein Esel Besuch bekommen hatte, schien ihn nicht zu interessieren.

Der Esel begann die Karotten zu zermalmen, als hätte er seit Wochen keine ordentliche Mahlzeit mehr erhalten. »So ist's recht! Friss nur alles auf. Wird dir gut tun!«, ermunterte ihn Lucy. »In der Tüte ist noch viel mehr!«

Gerade dachte sie darüber nach, ob sie hochgehen sollte ins Strandcafé um für Donald Wasser zu besorgen, als der Mann zu ihr herkam. »Du bist doch das Mädchen, das letzte Woche schon mal da war. Du magst ihn, habe ich Recht?«

Lucy sah zu ihm auf. »Natürlich mag ich ihn! Er ist wirklich super!«

»Willst du ihn mir abkaufen?«

Lucy starrte den Mann verblüfft an. »Aber … wie meinen Sie das? Ist er denn zu kaufen?«

»Möglicherweise – für den richtigen Preis. Ich habe genug von ihm. Ich will ihn loswerden und mir an seiner Stelle eine Hüpfburg anschaffen. Die braucht man nicht zu füttern, zu tränken oder sonst wie zu versorgen.«

Lucy hielt gerade noch die Bemerkung zurück, der Esel sähe nicht danach aus, als hätte man ihn groß versorgt. In ihrem Kopf überschlugen sich die Gedanken. Mam und Dad würden es natürlich niemals erlauben, aber …

»Wie schnell werden Sie ihn verkaufen?«, fragte sie verzweifelt. »Und was ist, wenn ihn keiner haben will? Kommt er dann auf einen Gnadenhof?«

Der Mann zeigte krumme, gelb verfärbte Zähne, als er lachte. »Auf einen Gnadenhof? Ja, so könnte man es auch nennen. In den Schlacht-

hof kommt er! Heute in einer Woche sind zweihundert Dosen Hundefutter daraus geworden!«

Lucy schnappte nach Luft, dann sah sie den

Mann bitterböse an. In ihr war so eine Wut aufgestiegen, dass sie das Gefühl hatte, platzen zu müssen. »Das können Sie doch nicht tun! Es fehlt ihm doch nichts – und dass er nicht genug Geld einbringt, ist doch nicht seine Schuld!«

Der Mann lachte wieder. »Das Leben ist hart, was? Aber wenn du fünfzig Pfund rausrückst, dann kannst du mit ihm machen, was du willst. Also rette ihn!«

»Kann ich nicht, ich habe kein –«

»Na ja, dann wird er eben zu – HUNDEFUTTER«, sagte der Mann und brüllte vor Lachen.

Lucy war so wütend, dass sie in Tränen ausbrach. Sie ließ das restliche Futter auf dem Boden liegen und rannte über den Sand bis hinauf zur Promenade. Mr Mack, der inzwischen mit seinen Papieren fertig war und gerade aus seinem Parkplatz fahren wollte, machte ein besorgtes Gesicht, als er sie sah. Er öffnete die Wagentür, damit sie hineinklettern konnte.

»Mr Mack! Dieser schreckliche Mann will diesen wunderhübschen Esel zu Hundefutter verarbeiten lassen!«, rief sie. »Ein grässlicher Mensch! Er ist der ekelhafteste Mensch auf der ganzen Welt!«

Mr Mack hörte sich die ganze, traurige Geschichte an, dann reichte er Lucy sein kariertes Taschentuch und tätschelte ihr den Rücken. Während sie sich die Nase putzte, meinte er plötzlich: »Du könntest ihn ja wirklich kaufen.«

Lucy hob den Kopf. »Wie bitte? Wie denn?«

»Indem ich dir das Geld leihe und du es mir später zurückzahlst«, sagte Mr Mack ganz beiläufig, als kaufe er unentwegt irgendwelche Esel für andere Leute.

»Aber ich … und wo würde ich ihn unterbringen?«

»Auf der Schafweide – und wenn du ihn bei schlechtem Wetter nach drinnen bringen willst, könntest du ihn in den Heuschober schaffen. Dort ist ja massenhaft Platz.«

»Bloß weiß ich nicht, was Dad dazu sagen würde.« Lucy sah mit weit aufgerissenen Augen zu Mr Mack auf. »Außerdem habe ich keine Ahnung, wo ich das Futter für ihn hernehmen soll und so …« Als ihr jedoch das schreckliche Schicksal wieder einfiel, das den goldigen kleinen Esel erwartete, fragte sie atemlos: »Meinen Sie, ich könnte wirklich …?«

»Klar doch«, antwortete Mr Mack leichthin. »So ein kleiner Esel ist doch kein Problem. Dagegen können deine Eltern doch nichts haben. Ich könnte mir denken, dass es auf der Farm durchaus Arbeiten gibt, die er erledigen kann, sobald er wieder fit ist.«

»Könnten wir ihn gleich heute mitnehmen? Und wie würden wir ihn transportieren?«

»Im Anhänger, zusammen mit den Traktorteilen«, antwortete Mr Mack. »Absolut kein Problem.«

»Aber …« Lucy wirbelte der Kopf. »Soll ich wirklich …?«

»Weißt du was?«, sagte Mr Mack und öffnete die Wagentür. »Ich werde mal ein Wörtchen mit dem Besitzer reden.«

VIERTES KAPITEL

»O Mr Mack!«, rief Lucy halb froh, halb ängstlich. »Ich kann's noch gar nicht glauben, dass wir es wirklich getan haben!«

Zum zwanzigsten Mal lugte sie hinter sich durch das kleine Fenster der Fahrerkabine hinaus. Da, sorgfältig in dem mit Segeltuch abgedeckten Anhänger angebunden, stand der gerade gerettete Donald. Durch die Lattenwand des Anhängers erhaschte Lucy von Zeit zu Zeit einen Blick auf ihn, wie er ruhig und geduldig dastand. Es schien ihn nicht zu kümmern, wo er hinfuhr. Sein Schweif wehte im Wind und gelegentlich hob er die Nase, um die frische Landluft zu schnuppern.

»Das war unsere gute Tat für dieses Jahr«, erklärte Mr Mack, der sich freute, dass es ihm gelungen war, den Kaufpreis des Esels noch herunterzuhandeln. »Es ist ein netter kleiner Bursche. Und aus seinem Gebiss zu schließen ist er auch nicht so alt, wie man meinen könnte.«

»Was denken Sie, was ich alles für ihn brauchen werde?«, erkundigte sich Lucy besorgt.

Mr Mack zuckte die Achseln. »Ein paar Pflegeutensilien, denke ich – aber ich besitze ein paar Bürsten, die ich dir geben kann. Außerdem muss ihn der Tierarzt untersuchen und ihm die nötigen Impfungen verpassen. Ach, und dann muss er regelmäßig vom Hufschmied die Hufe beschnitten bekommen.«

Lucy nickte und nagte an ihrer Lippe. Ach du liebe Güte – Kaufpreis, Pflegeutensilien, Futter, Spritzen, Hufpflege – und vermutlich kamen noch viele Dinge hinzu, von denen sie bis jetzt noch nichts wusste. Wo sollte sie nur das ganze Geld auftreiben? Und, was noch wichtiger war, was würden ihre Eltern sagen? Würden sie fuchsteufelswild werden? Das Geld war sowieso schon immer knapp und jetzt schleppte sie noch einen weiteren Kostgänger an …

»Soll ich mit deinen Eltern reden?«, wollte Mr Mack wissen, als hätte er ihre Gedanken gelesen. Gerade bogen sie auf die Elmbrook Lane ein, die zur Farm führte.

Lucy zog ein Gesicht. »Das mache ich wohl besser selbst.«

Mr Mack nickte. »Also verschwinde ich einfach, sobald ich ihn ausgeladen habe?«

»Das wäre vielleicht das Beste«, stimmte Lucy sorgenvoll zu.

Mr Mack musterte sie zweifelnd. »Hoffentlich habe ich dir da keinen Ärger eingehandelt.«

»Tja«, meinte Lucy, »was auch immer passieren mag, wir haben dem Esel das Leben gerettet. Das allein ist wichtig.« Trotzdem war ihr ein bisschen mulmig, während sie das sagte. Tiere zu retten war ja schön und gut, aber mit dieser Rettungsaktion hatte sie sich wahrscheinlich gewaltigen Ärger eingehandelt!

Wie es das Glück so wollte, war keiner da, als sie auf der Hollybrook Farm ankamen. Lucys Vater war wohl immer noch in Honley, ihre Mutter machte einen Spaziergang mit Mrs Mason und Kerry. Von der grässlichen Natasha war weit und breit nichts zu sehen.

Mr Mack zwinkerte Lucy zu. »Die Luft ist rein«, sagte er und fuhr rückwärts ans Tor.

Während er die Ladeklappe des Anhängers öffnete, warf Lucy einen raschen Blick durchs Küchenfenster hinein, um sich zu überzeugen, dass auch wirklich niemand da war. Dann holte sie einen Strick und schlang ihn dem Esel um den Hals. »Komm mit!«, sagte sie und sprach ihm gut zu, während sie ihn die Ladeklappe hinunterführte. »Hier ist dein neues Zuhause!«

Donald hob den Kopf, stellte die Ohren und sah sich um. Lucy kam er schon jetzt weniger traurig vor. Als würde er sich riesig freuen, dass man ihn gerettet hatte.

»Ich besorge dir Heu und frisches Wasser«,

versprach Lucy, »und dann lasse ich dich allein, damit du dich eingewöhnen kannst.«

Mr Mack schloss die Ladeklappe wieder. »Dann mache ich mich mal auf den Weg«, sagte er. »Viel Glück!«

Lucy warf noch einmal einen nervösen Blick rundum. »Danke für alles, Mr Mack!«, sagte sie und winkte ihm zum Abschied. »Ich erzähle Ihnen dann, wie es gelaufen ist.«

Während Mr Mack davonfuhr, schlang Lucy die Arme um den Esel. »Später stelle ich dich meiner Rosie vor – Esel haben gern Freunde, das weiß ich. Und dann besorge ich mir Pflegekram, damit ich dich ganz, ganz ausgiebig bürsten kann. Ich glaube nämlich nicht, dass man dich jemals gebürstet hat.« Sie streichelte über Donalds verfilztes Fell. »Wunderschön wirst du aussehen, wenn ich mit dir fertig bin.«

Sie kraulte ihm die Ohren. »Und dann, sobald du wunderschön bist, erzähle ich Mam und Dad von dir. Wenn sie dich erst mal gesehen haben …« Während sie redete, sah sie hoch zum Haus. Da, hinter einem der Fenster, bewegte sich etwas! Es war das Fenster von Natashas Zimmer.

»Die spioniert uns nach!«, flüsterte Lucy Donald zu. »Sie steht da oben hinter dem Vorhang und beobachtet uns. Ich kann ihr nur raten mich nicht zu verpfeifen!« Damit führte sie Donald in den Heuschober, sein neues Quartier. Dort ließ er es sich gut schmecken, trank gierig aus einem Eimer und schien dann einzuschlafen.

Es war Abendessenszeit und Lucy rutschte unruhig auf ihrem Stuhl herum. Sie hatte immer noch nicht den richtigen Moment gefunden, um das Gespräch auf Esel im Allgemeinen und auf einen im Besonderen zu bringen. Ihr Vater war übel gelaunt von Honley zurückgekehrt, weil ein Futtermittelkauf schlecht gelaufen war. Und ihre Mutter schien mit den Gedanken ganz woanders zu sein, seit sie von ihrem Spaziergang mit Mrs Mason heimgekommen war. Der richtige Zeitpunkt war einfach noch nicht da. Aber je länger Lucy wartete, desto schlimmer wurde es. Sie war losgezogen und hatte einen Esel gekauft, ohne um Erlaubnis zu bitten! Bestimmt würden ihre Eltern schrecklich zornig werden.

Das Abendessen war köstlich. Alle aßen ihre Portion und wollten eine zweite. Alle, außer Natasha. Die saß wie üblich mit steinernem Gesicht da und stocherte in ihrem Essen herum, aß hier eine Karotte, da eine Erbse, ohne sich am Gespräch zu beteiligen. Lucy, die sie beobachtete, entschied, dass Kerry mehr gegessen hatte

als das viel ältere Mädchen. Was, zum Kuckuck, war denn nur los mit dieser Natasha?

»War deine Fahrt nach Westerley schön?«, erkundigte sich Lucys Vater. »Mr Mack hat ein paar Ersatzteile für seinen Traktor geholt, wie ich hörte. Hat er noch was mitgebracht?«

Lucy spürte, wie sie rot wurde, als sie den Kopf schüttelte.

»Und du hast bestimmt deinen Esel besucht«, sagte Lucys Mutter. »Wie ging es dem Armen?«

»Ganz gut«, murmelte Lucy und fügte wahrheitsgemäß hinzu: »Inzwischen wirkt er viel glücklicher.«

»Schrecklich hat es ausgesehen, das arme Vieh!«, fuhr Lucys Mutter an Mrs Mason gewandt fort. »Wie ein Haufen alter Säcke!«

»Hat er nicht!«, rief Lucy hitzig. »Er war wunderschön!« Sie war im Begriff, noch mehr zu sagen – was für eine freundliche Natur Esel hätten und wie billig sie im Unterhalt wären. Und dann würde sie überleiten zu … Doch da schwenkte Kerry einen mit Essen gefüllten Löffel und krähte: »Wunschön … wunschön …«

Alle außer Natasha begannen zu lachen. Das Thema Esel war vergessen und Lucy fand es schwierig, die Sprache wieder darauf zu bringen.

Zwanzig Minuten später hatte Lucys Mutter gerade Apfelkuchen mit Vanillesauce serviert und machte eine Tasse Kaffee, um sie Mrs Mason ins Fernsehzimmer zu bringen, als von draußen plötzlich ein unglaublich lautes Geräusch ertönte. Es klang wie das Nebelhorn, das Lucy einmal im Hafen gehört hatte.

Kerry bekam so einen Schreck, dass sie zu

heulen begann. Lucys Vater sprang auf und rannte zum Fenster, um nach draußen zu sehen.

»Was um alles in der Welt ist denn das?«, fragte Mrs Mason verwundert. »Welches Tier macht denn so grauenhafte Geräusche?«

Alle wechselten Blicke. Lucy schluckte mühsam.

»Das ist ihr Esel«, verkündete Natasha plötzlich.

»Wessen Esel?«, fragte Julie Tremayne, während von draußen immer noch das laute Nebelhorngeräusch erklang. »Bei uns gibt es keinen Esel.«

»Sie hat ihn heute Nachmittag mitgebracht«, fuhr Natasha fort und warf dabei Lucy einen hämischen Blick zu, als bereite es ihr großes Vergnügen, sie verpetzen zu können. »Sie hat ihn im Heuschober versteckt!«

FÜNFTES KAPITEL

»Wer hätte gedacht, dass so ein kleiner Kerl so einen Krach machen kann?«, staunte Lucys Vater.

Alle – auch Natasha – hatten sich draußen auf dem Hof versammelt. Mr Tremayne hatte gerade die Tür vom Heuschober aufgerissen und den Blick auf Donald freigegeben, der klein und stämmig drinnen stand und sie mit großen, dunklen Augen betrachtete.

»Das ist doch der Esel vom Strand!« Lucys Mutter klang entsetzt. »Was um alles in der Welt hat er hier zu suchen?«

Lucy stieß einen tiefen Seufzer aus. »Ich habe ihn gerettet«, erklärte sie ihren Eltern mit einem

flehenden Blick. »Ich konnte nicht anders! Ich musste es tun! Der Besitzer war ein ganz schrecklicher Mann – er hat gesagt, er will Donald zu Hundefutter verarbeiten lassen! Zu zweihundert Dosen!« Allein vom Erzählen wäre Lucy am liebsten wieder in Tränen ausgebrochen. »Ich habe alles Mr Mack gesagt und der meinte, er würde mir das Geld leihen, dann könnten wir ihn gleich mitnehmen.«

Ihr Vater schüttelte irritiert den Kopf. »Dieser Mack kommt immer auf Ideen! Hätte ich mir ja denken können, dass der hinter dem Ganzen steckt.«

»Aber ich verstehe nicht … wie viel hat er eigentlich gekostet?«, fragte ihre Mutter mit entsetzter Miene.

Lucy ging zu Donald, um ihn zu streicheln. »Vierzig Pfund. Aber Mr Mack hat gesagt, mit der Rückzahlung hätte es absolut keine Eile. Und ich dachte, wenn ich mein ganzes Geburtstags- und Weihnachtsgeld spare …«

»Und was ist mit den Tierarztrechnungen, dem Futter und all dem anderen Kram, den er brauchen wird?«, fragte ihr Vater. »Wer soll dafür aufkommen?«

»Ich werde mithelfen – ganz bestimmt!«, gelobte Lucy. »Und er kann hier auch Arbeiten erledigen. Sachen hinter sich herziehen und Futter auf die Felder bringen und alles Mögliche.«

Lange Zeit herrschte Stille. Alle starrten Donald an.

Mrs Mason war die Erste, die etwas sagte. »Wirklich ein goldiger Kerl«, sagte sie. »Er hat ein wunderhübsches Gesicht unter den verfilzten Haaren. Wie schrecklich, ihn grundlos zum Tod zu verurteilen.« Sie legte Natasha die Hand auf die Schulter und schob sie sanft auf den Esel zu. »Findest du nicht auch, dass er ein hübscher Kerl ist, Tash?«

Natasha und der Esel, beide klein, still und trübsinnig, starrten sich unter Stoppelfransen hervor an. Da funkt's, dachte Lucy, während sie die beiden beobachtete.

Einen Augenblick lang sah es so aus, als könnte Natasha tatsächlich die Hand ausstrecken und Donald streicheln, aber schließlich tat sie es doch nicht. Stattdessen drehte sie sich um und verschwand im Haus.

Wieder herrschte verlegenes Schweigen, dann deutete Lucy weiter in den Heuschober hinein. »Oh! Da sind die Kätzchen!«, rief sie. »Sie sitzen auf der Fensterbank, ein weißes und ein schwarzes!«

»Die sind jetzt nicht so wichtig«, sagte ihr Vater streng. »Versuch nicht vom Thema abzulenken.«

»Ich nehme an, sie sind gekommen, um Donald zu besichtigen«, sagte Lucy in einem Versuch, die Situation zu entschärfen.

»Donald hast du ihn also getauft?«, fragte ihr Vater. »Nicht Donald die Ente, sondern Donald der Esel, was?« Er schüttelte den Kopf und nahm das Tier in Augenschein. »Ich weiß nicht, was wir mit dir tun werden, Donald, ich weiß es wirklich nicht.«

Lucy hatte einen ganz trockenen Mund von der ausgestandenen Angst und der Erleichterung, die sie jetzt verspürte. Nun wussten ihre Eltern Bescheid – und zumindest hatten sie nicht gesagt, sie müsse Donald wieder fortschaffen. Jedenfalls bis jetzt noch nicht.

Am nächsten Morgen war Lucy unten im Heuschober und machte den Versuch, Donalds wirre Schwanzhaare mit der Küchenschere zu beschneiden, als Mr Mack vorbeikam. Er brachte einen alten Satz Bürsten mit, dazu einen kleinen Ponysattel mit Zaumzeug. Er reihte die Pflegeutensilien auf dem Fensterbrett auf und erklärte, wie man sie benutzte.

»Das da ist eine harte Schmutzbürste und da ist eine für die Fellpflege«, sagte er. »Das hier ist ein Striegel, das ein Schwamm, um ihm das Gesicht zu reinigen. Oh, und dann habe ich noch dieses alte Sattel- und Zaumzeug gefunden, falls du mal Lust hast, auf ihm zu reiten.« Dann senkte er die Stimme. »Wie ist es denn gelaufen, Mädchen?«

»Nicht allzu schlimm. Ich meine, sie haben nicht gesagt, ich müsste ihn zurückbringen oder so. Dad hat die Tierärztin angerufen und sie kommt heute Nachmittag, um ihn zu untersuchen und ihm die nötigen Spritzen zu geben.«

Mr Mack nickte. »Du musst ihm auch unbedingt die Hufe beschneiden lassen. Esel leiden sehr, wenn man sich nicht ordentlich um ihre Hufe kümmert.«

Lucy nickte, stellte sich aber gleichzeitig die Frage, wie viel das wohl wieder kosten mochte.

»Und wie geht es unserem schwierigen Fräulein heute früh?«, erkundigte sich Mr Mack mit einem Blick zum Haus.

Lucy zog ein Gesicht. »Schlechte Nachrichten! Sie bleiben nicht, wie ursprünglich vorgesehen, nur eine Woche, sondern zwei. Ihre Mutter findet es offensichtlich so erholsam hier in Devon, dass sie den Aufenthalt verlängern will.«

»Und was hält die Tochter davon?«

»Glücklich ist sie nicht darüber«, sagte Lucy. Aber bei Natasha, die ohnehin immer unglücklich wirkte, konnte man das schlecht beurteilen, wie Lucy heute früh zu ihrer Mutter gesagt hatte.

Als Mr Mack wieder weg war, verbrachte Lucy eine Stunde mit Donalds Pflege. Zuerst nahm sie die Schmutzbürste und strich von seinem Kopf an abwärts, um angetrocknete Erdklumpen, Sand und Schweißflecke von seinem dichten Fell zu entfernen. Dann nahm sie die weichere Bürste und den Striegel und benutzte sie abwechselnd, um das Fell mit kreisenden Bewegungen in Wuchsrichtung zu bearbeiten, wie es ihr Mr Mack gezeigt hatte. Als das erledigt war und Donalds saubere, fast glänzende Fellhaare wieder Spannkraft hatten, nahm sie den Schwamm und einen Eimer Wasser und wusch ihm sorgfältig das Gesicht.

»So!«, sagte sie und trat zurück, um ihr Werk zu bewundern. »Jetzt siehst du wirklich hervorragend aus! Du könntest direkt einen Preis gewinnen!«

Lucy hatte den Eindruck, dass der Esel mit jedem Streicheln, jedem Lob und jedem Bürstenstrich glücklicher wirkte. »Dir geht es schon viel, viel besser, habe ich Recht, Donald?«, flüsterte sie ihm ins Ohr. »Du bist jetzt kein namenloser Strandesel mehr, nein, du gehörst jetzt mir und ich liebe dich sehr!«

Gerade als Lucy fertig war, kam Natasha aus dem Haus. Bereit, Vergangenes zu vergessen, rief Lucy zu ihr hinüber: »Komm her und sieh dir mein Werk an! Jetzt sieht mein Donald doch gleich viel besser aus!«

Natasha kam herüber und musterte schweigend den liebevoll gepflegten Esel.

Versuch sie aus ihrem Schneckenhaus zu holen, hatte Lucys Mutter gesagt. Nun suchte Lucy angestrengt nach einer weiteren, netten Bemerkung. Sie mochte das Mädchen nicht sehr – in Wirklichkeit konnte sie es nicht ausstehen – aber sie hatte ihrer Mutter versprochen, sich Mühe zu geben.

»Ich habe gehört, ihr bleibt noch eine

Woche«, begann sie nach einem Augenblick. »Hättest du Lust, am Samstag mit mir zum Dorfmarkt zu gehen? Sonderlich aufregend ist er nicht, aber …«

Natasha drehte sich zu ihr um. Sie klang bitter, als sie sagte: »Du brauchst mir keinen Gefallen zu tun! Kannst du dir sparen!«

Lucy starrte sie wütend an. Wie kratzbürstig dieses Mädchen war! Am liebsten hätte sie ihr geantwortet: Ja, genau das werde ich tun!

Während Natasha wortlos davonging, löste Lucy den Strick, mit dem der Esel an seinem Platz angebunden war.

»Komm, Donald«, sagte sie und tätschelte seine Flanke. »Aus der da machen wir uns nichts – wir gehen jetzt Rosie auf der Weide besuchen.«

»Donald war überglücklich draußen auf der Wiese«, erzählte Lucy später an diesem Nachmittag Jane Emerson, der Tierärztin. »Anfangs ist er ein bisschen hin und her gerannt, aber dann hat er sich beruhigt und fing an wie verrückt Klee zu fressen.«

»Und wie hat dein Lamm auf ihn reagiert?«

»Gar nicht«, gab Lucy zur Antwort. »Angesehen hat es ihn und das war alles. Vermutlich dachte Rosie, Donald wäre auch ein Schaf – ein graues Riesenschaf!«

Jane Emerson lachte. »Esel sind allgemein beliebt unter den Tieren«, sagte sie. »Und Donald wird es genießen, draußen auf einer schönen Weide zu sein. Bloß an sehr heißen Tagen solltest du ihn in den Heuschober bringen, damit ihn die Fliegen nicht so quälen.«

Lucy nickte und sah die Tierärztin besorgt an. »Sie glauben also, er ist in Ordnung? Ist er wirklich gesund?«

Jane Emerson nickte. »Ja, es geht ihm gut – und nachdem ich ihn jetzt gegen Grippe geimpft und mit Vitaminen versorgt habe, wird es ihm noch besser gehen.«

Lucy nickte dankbar, musste aber unentwegt

daran denken, wie viel dieser Besuch wohl kosten mochte.
»Sobald er ein bisschen zugenommen hat, ist er topfit«, fuhr die Tierärztin fort. »Er ist ein prächtiger kleiner Kerl!«

Als Lucy an diesem Abend zu Bett ging, war sie überglücklich. Rosie, ihr Lamm, schlief im Pferch und unten im Heuschober waren nicht nur Katzen und Kätzchen, sondern auch ihr höchsteigener Esel. Kein Wunder, dass sie es liebte, auf einer Farm zu leben! Und wenn diese Natasha zu eingebildet war, um das alles zu genießen, solange sie Gelegenheit hatte, dann war sie selber schuld. Lucy würde sich keine Mühe mehr mit ihr geben.

SECHSTES KAPITEL

Ganz früh am Morgen, es war noch dunkel, träumte Lucy einen Traum, in dem sie ihre eigene Farm besaß mit Ställen, in denen von jeder Tierart der ganzen Welt ein Pärchen gehalten wurde. Plötzlich erwachte sie von einem gewaltigen Getöse. Es klang, als versuche da ein Tier die Stalltür kaputtzutreten.

Lucy griff nach ihrer Taschenlampe, öffnete die Bodenklappe und sah nach unten. Donald hatte sich so weit von seinem Platz entfernt, wie es der Strick erlaubte, und nun trat er mit den Hinterläufen gegen die Holztür, so fest er konnte.

»Was ist denn los, Donald?«, rief Lucy

nach unten. »Was um alles in der Welt ist passiert?«

Sie zog ihren Morgenmantel an, steckte die Taschenlampe mit der Birne nach oben in die Tasche und kletterte die Leiter hinunter. »Was ist denn?«, fragte sie, tätschelte Donalds Flanke und versuchte ihn zu beruhigen. »Was hat dich denn so aufgeregt?«

Der Esel wieherte und hob und senkte dabei zur Tür gewandt den Kopf.

»Du komischer alter Kerl! Hast du Angst vor irgendwelchen Geräuschen draußen? Das ist nur ein Huhn, das aus dem Hühnerstall entwischt ist. Oder es sind die Katzen auf Mäusejagd. Nichts, wovor man sich fürchten muss.«

Aber Donald fuhr fort, mit dem Kopf zu nicken, mit dem Vorderhuf zu scharren und mit den Hinterbeinen auszuschlagen. Und dann gab er ganz plötzlich Ruhe und legte den Kopf zur Seite, als lausche er.

Auch Lucy spitzte die Ohren – und hörte das lang gezogene Quietschen des Tors, das geöffnet wurde. Jemand kam auf den Hof!

Lucys erster Gedanke war, ins Haus zu rennen und ihren Vater zu holen. Sie machte ihre Taschenlampe aus, streckte den Kopf nach draußen und wollte schon losrennen zum Haus, doch dann warf sie noch einen Blick Richtung Tor. Aber hereingekommen schien niemand zu sein …

Dafür war gerade jemand hinausgegangen! Lucy sah die schattenhafte Gestalt von Natasha, wie sie verstohlen die im Mondlicht liegende Straße entlangging. Sie war völlig angezogen und schleppte zwei prall gefüllte Tragetüten.

Nach ihr rufen wollte Lucy nicht – damit hätte sie ja das ganze Haus aufgeweckt. Also schlüpfte sie aus dem Heuschober, rannte über den Hof und durch das offene Tor. Draußen lief sie neben dem Weg auf dem Gras, damit man ihre Schritte nicht hörte, hinter Natasha her.

»Stopp!«, rief Lucy, als sie weit genug vom Haus entfernt war. »Wo willst du denn hin?«

Natasha sah zurück. »Das geht dich nichts an!«, zischte sie wütend. »Lass mich in Frieden!«

Darüber dachte Lucy einen Augenblick lang nach, entschied dann aber, dass sie Natasha nicht in Frieden lassen konnte.

Was würden ihre Eltern sagen, wenn sie einfach wieder ins Bett ging und zuließ, dass Natasha ausriss?

Natasha rannte weiter, dann überquerte sie den Weg und versuchte ein Gatter zu öffnen, um die dahinter liegende Wiese zu überqueren. Als sie mit dem schweren Riegel nicht zurechtkam, warf sie erst ihre Tüten auf die andere Seite und begann dann darüber zu klettern. In ihrer Hast glitt sie ab, fiel zu Boden und verdrehte sich dabei den Knöchel.

Gerade als sie aufzustehen versuchte, kam Lucy bei ihr an.

»Was zum Teufel ist eigentlich los?«, wollte Lucy schnaufend wissen. »Was ist passiert? Wo willst du denn mitten in der Nacht hin?«

Natasha sah einen Augenblick lang verwirrt aus; ihr Mund war zu einem störrischen Strich gezogen. Dann platzte sie plötzlich heraus: »Ich will nach London, wenn du es unbedingt wissen willst! Warum lässt du mich nicht in Ruhe?«

Bei dem Versuch, auf ihrem verletzten Knöchel zu stehen, stieß sie einen Schmerzensschrei aus. Dann sah sie zu Lucy hoch und brach in Tränen aus.

Die verdutzte Lucy ließ sie ein kleines Weilchen weinen, dann fand sie ein zerknülltes Papiertaschentuch in der Tasche ihres Morgenmantels und reichte es ihr.

Sie strich über Natashas Schulter. »Was ist los?«, fragte sie leise. »Warum willst du denn mitten in der Nacht nach London?«

Es dauerte einen Augenblick, bis die gedämpfte Antwort kam: »Ich will zu meinem Dad, ich muss ihn unbedingt sehen! Ich weiß nicht einmal, wo er wohnt!«

Lucy starrte sie an. »Aber wenn du nicht weißt, wo er wohnt, wirst du ihn in London doch niemals finden!«, wandte sie ein. »Außerdem musst du erst mal nach Honley auf den Bahnhof und die Busse nach Honley fahren erst ab acht Uhr morgens. Und die Fahrkarte nach London kostet ein Heidengeld. Hast du überhaupt genug bei dir?«

Natasha weinte nur umso mehr. »Ich habe meinen Dad seit einer Ewigkeit nicht mehr gesehen!«, rief sie. »Und nächsten Monat habe ich Geburtstag und ich glaube, er kommt nicht mal zu meiner Party!«

»Aber du kannst doch nicht einfach weglaufen!«, schalt Lucy. »Deine Mutter wäre außer sich. Meine Mutter sagt immer, wegzurennen sei in jedem Fall das Schlimmste, was man tun kann.«

Natasha antwortete nicht, sie weinte einfach weiter.

»Ich finde, deine Mutter ist in Ordnung«, fuhr Lucy fort, der einfiel, wie nett Mrs Mason bei der Entdeckung Donalds im Heuschober gewesen war. »Sie wäre fix und fertig, wenn du einfach verschwinden würdest.«

»Aber ich vermisse meinen Dad so!«, schluchzte Natasha.

»Hast du mit deiner Mutter darüber gesprochen? Hast du sie gefragt, ob er zu deiner Party kommt?«

Natasha zog die Nase hoch und schüttelte den Kopf. »Das will ich nicht.«

Gerade verschwand der Mond hinter einer Wolke. Lucy zitterte, denn inzwischen war Wind aufgekommen. »Ich bin sicher, sie wartet darauf, dass du darüber sprichst. Ich habe mitgekriegt, wie sich unsere Mütter darüber unterhielten.«

Natasha putzte sich die Nase. »Ich habe es einfach nicht geschafft, sie zu fragen«, brachte sie mühsam hervor. »Ich wusste nie, was sagen, und so hat sich alles irgendwie in mir angestaut.«

Lucy sah sie mitfühlend an.

»Und dann, als wir hier ankamen, wurde es noch schlimmer. Du ... du und deine Familie, ihr macht so einen glücklichen Eindruck. Du hast deine Mutter, deinen Vater, deine Schwester und deine Tiere und alles, aber ich habe niemanden. Ich habe keinen, der mich mag!«

Lucy berührte Natasha sanft an der Schulter. »Das ist doch einfach nicht wahr! Meine Mutter erzählt mir laufend, was für große Sorgen sich deine Mam um dich macht.«

Plötzlich hörte Lucy vom Weg her ein Geräusch und sah sich um. »Ach du Schreck!«, rief sie schuldbewusst. »Da ist ja Donald! Er muss sich losgerissen haben.« Sie zog ein Gesicht. »Und in meiner Eile, dir nachzulaufen, habe ich sowohl die Tür vom Heuschober als auch das Hoftor offen gelassen.«

Beim Anblick des Esels erschien ein winziges Lächeln auf Natashas Zügen.

»Sogar Donald mag dich, siehst du?«, sagte Lucy. »Donald ist aufgewacht, hat gehört, wie du dich davonschleichst, und hat mich geweckt, um es mir zu sagen.«

»Hat er das wirklich getan?«, sagte Natasha, als der kleine Esel auftauchte und mit der Nase gegen ihren Arm stieß.

Lucy nickte. »Und jetzt ist er dich suchen gekommen.«

Natasha lächelte wieder. »Wie schön!« Als sie Donald am Kopf kraulte, stieß er ein freudiges Wiehern aus.

»Und jetzt würde ich vorschlagen, dass du mit mir zurückkommst. Du kannst deine Mam aufwecken und sie bitten dir zu erzählen, was du über deinen Dad und alles andere wissen willst.«

Natasha nickte langsam.

»Ich bin sicher, sie unterhält sich gern mit dir darüber«, fuhr Lucy fort. »Aber zieh dir lieber erst deinen Schlafanzug an, damit sie nicht erfährt, dass du ausreißen wolltest. Kannst du überhaupt laufen?«

»Ich glaube schon.« Natasha versuchte den Fuß vorsichtig aufzusetzen, doch wieder gab der Knöchel unter ihrem Gewicht nach.

»Warte!« Lucy holte die beiden Tüten von der anderen Seite des Gatters, dann half sie Natasha auf die Füße. »Du kannst auf Donald reiten!«, sagte sie. »Er wird dich zurücktragen!«

»Ich bin doch bestimmt zu schwer für ihn«, gab Natasha zu bedenken.

»Bist du nicht«, widersprach Lucy. »Donald ist ein starker Bursche!«

»Bist du sicher?«

Lucy nickte. »Die Tierärztin hat gesagt, dass es den Eseln wirklich gefällt, wenn sie sich nützlich machen können. Sie arbeiten gern.«

Also setzte sich Natasha auf Donalds Rücken und so kehrte die kleine Gruppe zur Holly-

brook Farm zurück, während die beiden Mädchen sich auf der ganzen Strecke leise unterhielten.

Zehn Minuten später hatte Lucy den Esel wieder an seinen Platz gebracht und kletterte die Leiter hoch, die zu ihrem Zimmer führte. Doch bevor sie einschlief, warf sie noch einen Blick zum Haus hinüber. In Mrs Masons Zimmer brannte Licht, also war Natasha wohl dem Plan gefolgt und hatte sie aufgeweckt, um mit ihr zu reden.

Hervorragend!, dachte Lucy. Dem guten alten Donald sei gedankt, dass er Alarm geschlagen hat!

»Du tust gut daran, heute Morgen deinem Dad nicht in die Quere zu kommen«, warnte Julie Tremayne, als Lucy am folgenden Tag zum Frühstück nach unten kam.

»Warum?«, fragte Lucy, schnappte sich eine Schale mit Frühstücksflocken und setzte sich neben Kerry.

»Lucy … Lucy … Lucy …«, krähte Kerry und schlug mit der Faust auf eine Scheibe Brot ein.

»Die Tierarztrechnung für deinen Donald ist eingetroffen«, sagte ihre Mutter grimmig.

Lucy sah betroffen drein.

»Und dazu kommt ja auch noch das, was du Mr Mack schuldest.«

»Aber er hat gesagt, darüber bräuchte ich mir noch ewig lang keine Sorgen zu machen!«

»Trotzdem. Irgendwann muss man alles einmal zurückzahlen.« Ihre Mutter schüttelte den Kopf. »Er ist ja ein wunderhübscher kleiner Kerl, dein Esel, aber er wird uns eine Menge Geld kosten.«

Lucy goss Milch auf ihre Flocken und suchte nach einem neuen Gesprächsthema. »Eines dieser Kätzchen ist wirklich goldig!«, sagte sie. »Ganz schwarz, mit einem weißen Streifen über die Nase herunter.«

»Esel!« Kerry hatte Donald im Hof entdeckt und deutete. »Esel! Esel!«

»Ja«, sagte ihre Mutter. »Und ein ziemlich teurer Esel dazu.«

Oje, dachte Lucy. Wenn sich ihre Mutter mal in etwas verbissen hatte …

»Jetzt, wo die Sache mit den Gästezimmern läuft«, fuhr ihre Mutter fort, »geht es uns ja ein bisschen besser, aber übrig ist von unserem Geld nie etwas.«

»Kommt am Samstag noch wer?«, erkundigte sich Lucy.

Ihre Mutter schüttelte den Kopf. »Deshalb bin ich ja auch so froh, dass sich Mrs Mason entschlossen hat, noch eine Woche zu bleiben.« Sie reichte Lucy ein Stück Toast und flüsterte: »Wobei ich nicht glaube, dass eine weitere Woche bei dieser Tochter etwas ausrichten kann. Ich weiß, sie musste einiges mitmachen, aber so ein unmögliches Mädchen ist mir noch nie über den Weg gelaufen!«

Sie wollte gerade noch etwas sagen, als sich die Küchentür öffnete und Natasha hereinkam. Sie hinkte ein wenig, aber das fiel nur Lucy auf.

»Guten Morgen!«, sagte sie munter. »Ein herrlicher Tag heute, nicht wahr?«

Lucys Mutter drehte sich um und sah sie mit großen Augen an. »Äh … ja«, sagte sie matt. »Ja, das stimmt.« Als sich Natasha mit einem Lächeln neben Lucy setzte, staunte Julie Tremayne mit offenem Mund.

»Könntest du mir heute Vormittag deine kleine Bucht zeigen?«, fragte Natasha.

»Klar.« Lucy nickte. »Sobald ich Donald und Rosie Frühstück gebracht habe.«

»Meine Mutter hat mir erzählt, dass wir demnächst wahrscheinlich in ein anderes Haus umziehen werden. Und da habe ich mir gedacht, ich könnte mein neues Zimmer wie eine Strandhütte einrichten – weißt du, mit Treibholz und Muschelbildern und so.«

»Klasse!«, sagte Lucy. »Mal sehen, was wir finden können.«

Immer noch lächelnd flüsterte ihr Natasha zu: »Alles klar! Ich habe mit meiner Mutter gesprochen. Mein Dad kommt wirklich und wahrhaftig zu meiner Party. Und er hofft, dass er in ein paar Monaten in unsere Nähe ziehen kann.«

»Ist ja prima!« Lucy strahlte.

»Äh … ich nehme nicht an, dass du Eier zum Frühstück willst, Natasha. Oder?«, fragte Lucys Mutter, die immer noch einen ziemlich verwirrten Eindruck machte.

»Doch, gern!«, erklärte Natasha fröhlich. »Könnte ich zwei Rühreier mit ein paar Scheiben Schinkenspeck haben, bitte? Ich bin am Verhungern!«

SIEBTES KAPITEL

»Seid ihr sicher, dass ihr auch nichts vergessen habt?«

Es war Samstagnachmittag, zwei Wochen nach der Ankunft von Natasha und ihrer Mutter, und Julie Tremayne wirbelte um die beiden herum, während sie kamen und gingen und den Mini für die Heimfahrt packten. »Mir scheint, ihr habt bedeutend mehr Gepäck als bei eurer Ankunft.«

»Ja, Tash hat den halben Strand auf den Rücksitz gepackt!«, sagte Mrs Mason mit einem liebevollen Blick auf ihre Tochter.

»Aus den Muscheln will ich Bilder machen«, verkündete Natasha aufgeregt, »und dann werde ich versuchen, ein Treibholzregal zu bauen. Lucy und ich haben ein Buch darüber gefunden.«

Lucy, die daneben stand, konnte es kaum glauben, wie sehr sich Natasha verändert hatte. Im Lauf der letzten Woche hatte sie mit ihrer Mutter alles geklärt und sogar mit ihrem Vater telefoniert. Sie käme nun mit allem besser zurecht, hatte sie Lucy erzählt. Und seit sie nicht mehr so unglücklich war, machte es wirklich Spaß, mit ihr zusammen zu sein.

»Ich werde die Tiere alle miteinander schrecklich vermissen!«, sagte sie jetzt zu Lucy.

»Sie werden dich vermissen«, widersprach Lucy. »Sieh mal – sie sind gekommen, um sich von dir zu verabschieden.«

Alle waren sie da. Bertram, der kecke kleine Gockel, stolzierte vor der Haustür herum, Donald stand im Hof und zupfte glücklich an einem Ballen Heu, Rosie hatte sich in der Sonne ausgestreckt, Roger und Podger spielten Wachhund an der Hintertür. Ein Dutzend Küken, sorgsam von der Henne beaufsichtigt, pickten an einem Topf mit roten Geranien herum. Nur die Katzen und Kätzchen fehlten – sicher machten sie irgendwo im kühlen Heuschober ein Nickerchen.

»Versprichst du mir, dass wir nächstes Jahr wieder herkommen können?«, fragte Natasha ihre Mutter.

Mrs Mason lächelte. »Wir können sogar schon vorher kommen – in den Herbstferien, wenn du magst.«

»Ja, bitte!« Natasha ging zu dem Esel und sagte: »Dich werde ich von allen am meisten vermissen!«

Wenn die beiden Mädchen nicht mit den Kätzchen gespielt oder bei den anderen Tieren mitgeholfen hatten, war Natasha im Verlauf der letzten Woche oft damit beschäftigt gewesen Donald zu pflegen, zu füttern und auf dem Weg spazieren zu führen. Der Esel sei ihr Glücksbringer, hatte sie Lucy gesagt. Ihm hätte sie es zu verdanken, dass alles gut geworden sei. Und dass sie nicht nach London ausgerissen wäre, um dort auf Nimmerwiedersehen zu verschwinden.

»Am liebsten würde ich dich mitnehmen, Donald!«, sagte sie jetzt und schlang die Arme um ihn.

Während Lucy zusah, hatte sie plötzlich zwei hervorragende Einfälle, einen nach dem anderen. Sie flüsterte ihrer Mutter etwas zu, daraufhin beriet diese sich leise mit Mrs Mason, die gerade nach drinnen gehen wollte, um eine weitere Tasche zu holen.

Nachdem beide Mütter genickt hatten, ging Lucy in den Heuschober und hielt Ausschau nach dem schwarzen Kätzchen mit dem weißen Streifen über der Nase. Wie Natasha war es im Lauf der letzten Woche viel umgänglicher geworden. Jetzt kam es her, wenn man es rief.

»Miez! Miez!«, flüsterte Lucy, damit Natasha es nicht hörte. »He, Streifchen!« Als das flauschige kleine Bündel kam, nahm sie es hoch. »Wie würde es dir gefallen, in einem Haus zu leben, mit einem eigenen schönen Körbchen und einem Garten zum Spielen? Alt genug bist du jetzt. Wie würde es dir gefallen, richtiges Futter zu bekommen – nicht nur Mäuse – und ein Frauchen zu haben, das dich über alles liebt?«

Das Kätzchen starrte zu ihr empor, gab ein winziges Miau! von sich und streckte eine Pfote aus, um eine von Lucys Haarsträhnen einzufangen.

»Das soll wohl ›Ja‹ heißen?« Lucy flitzte umher, fand eine alte Jacke, eine Schachtel, eine Plastikschale und eine Hand voll des normalerweise für das Vieh bestimmten Trockenfutters. Sie lud alles, einschließlich des Kätzchens, in den Karton, dann ging sie hinaus in den Hof.

»Da ist ein Abschiedsgeschenk für dich«, sagte sie zu Natasha. »Etwas, das dich an deinen Aufenthalt hier erinnern wird. Etwas, das dir ganz alleine gehört.«

Als Natasha in den Karton sah, schnappte sie nach Luft. »Ein Kätzchen!«, rief sie begeistert. »Kann ich es wirklich behalten?«

Lucy nickte. »Ja, kannst du«, sagte sie lächelnd. »Ich habe schon gefragt, ob du darfst.«

»Wahnsinn! Ich kann es nicht glauben! Tausend Dank!« Natasha hob das Kätzchen aus dem Karton. »Du und ich«, sagte sie, »werden massenhaft Spaß haben miteinander.« Sie hob das Kätzchen hoch und küsste es auf die Nase. »Vielleicht werde ich dich sogar Lucy nennen!«

»Stell lieber vorher sicher, dass es auch ein Mädchen ist!«, erklärte die wirkliche Lucy lachend.

ACHTES KAPITEL

Lucy war ein bisschen unglücklich, als Natasha fort war. Sie würde ihre neue Freundin vermissen – auch wenn sie das hübscheste Lamm, die quirligsten Hunde, die muntersten Hühner und den nettesten Esel der ganzen Welt hatte. Und bei dem Gedanken an Donald kam ihr der zweite hervorragende Einfall wieder in den Sinn. Sie ging nach drinnen, um Karton, Schnur und farbige Stifte zu holen. Ein Weilchen später war sie auf dem Weg zum Dorf …

Um drei Uhr an diesem Nachmittag war Lucy mit dem frisch gestriegelten und aufgezäumten Donald auf der Schafweide. Beide blickten gespannt den Weg entlang.

Als Natasha gesagt hatte, wie sehr sie Donald vermissen würde, machte sich Lucy klar, dass eigentlich jeder Esel mochte – sogar ihre Eltern, obwohl sie sich wegen der Kosten Sorgen machten. Weiterhin fiel ihr ein, was die Tierärztin gesagt hatte: Esel würden gern arbeiten und Donald sei kräftig und gesund. Inzwischen hatte sie mit ihrer Mutter gesprochen, drei Schilder gemalt und sich damit auf den Weg gemacht.

Das erste stellte sie beim Kriegerdenkmal auf. Es lautete:

Das zweite platzierte sie am Ende der Embrook Lane.

HIER ENTLANG ZUM ESELREITEN!

stand darauf mit einem Pfeil, der den Weg entlang deutete. Das dritte war am Hoftor befestigt und sagte:

ESELREITEN - BITTE HIER ANSTELLEN UND WARTEN!

Während Lucy und Donald in die Ferne blickten und warteten, tauchten am Ende des Weges einige Kinder auf. Sie kamen immer näher.

Lucy zählte aufgeregt die Köpfe. »Sechs – das ist ein guter Anfang.« Sie legte den Arm um Donalds weichen, schlanken Hals und drückte ihn an sich. »Da kommen unsere ersten Kunden! Auf diese Weise werden wir unsere Schulden in kürzester Zeit bezahlt haben!«

Donald stieß ein lautes Wiehern aus – aber ob das bedeutete, dass er sich darauf freute, wieder etwas zu tun zu bekommen, oder ob es ihm nur gefiel, gedrückt zu werden, konnte Lucy nicht sagen. Sie wusste nur eines – wie glücklich sie darüber war, ihn gerettet zu haben.

Mary Hooper

Gewonnen, kleines Schweinchen

Lucy Tremayne liebt Tiere – und sie liebt das aufregende Leben auf der Hollybrook Farm. Die Tiere in Lucys Nähe scheinen zu spüren, dass sie ihr vertrauen können. So erlebt Lucy ein Abenteuer nach dem anderen ...

Das kleine Ferkel, das Lucy auf einem Wohltätigkeitsfest gewinnt, wirbelt auf der Farm alles durcheinander. Lucy versucht es zu verstecken, da ihre Mutter keine Schweine duldet. Aber gerade im ungünstigsten Augenblick taucht das Ferkel in der Küche auf … Ernste Gesichter machen die Tremaynes, als sie erfahren, dass ihr Nachbar seinen Hof verkaufen will und dort eine moderne Neubausiedlung entstehen soll. Was soll da aus ihrem eigenen Hof werden?

96 Seiten

UEBERREUTER

Mary Hooper

Hilf mir, liebes Pony

Lucy Tremayne liebt Tiere – und sie liebt das aufregende Leben auf der Hollybrook Farm. Die Tiere in Lucys Nähe scheinen zu spüren, dass sie ihr vertrauen können. So erlebt Lucy ein Abenteuer nach dem anderen ...

Lucy ist diesmal auf Hilfe angewiesen! Zuerst rettet sie zwar eine Freundin, die im Sumpf zu versinken droht, bringt sich dabei aber selbst in große Gefahr. Sie verstaucht sich den Knöchel und bleibt allein im Moor zurück, während ihre Freundinnen Hilfe holen. Es schneit und wird immer kälter. Da taucht aus dem Nebel ein weißes Pony auf und rettet Lucy. Es legt sich neben sie und schützt sie vor Kälte und Wind.

96 Seiten

Mary Hooper

Hab keine Angst, Daisy

Lucy Tremayne liebt Tiere – und sie liebt
das aufregende Leben auf der Hollybrook Farm.
Die Tiere in Lucys Nähe scheinen zu spüren,
dass sie ihr vertrauen können. So erlebt Lucy
ein Abenteuer nach dem anderen …

In einer stürmischen Nacht müssen Lucys Eltern mit ihrer kleinen Schwester ins Krankenhaus. Lucy ist auf sich allein gestellt und hat viel zu tun: Zuerst rettet sie ein brütendes Huhn mitsamt seinen Eiern aus dem Regen und baut einen behelfsmäßigen Brutkasten. Dann gibt es Schwierigkeiten bei der Geburt von Daisy, einem jungen Kalb. Wieder zeigt Lucy, wie gut sie mit Tieren umgehen kann.

100 Seiten

Mary Hooper

Vertrau mir, kleiner Dachs

Lucy Tremayne liebt Tiere – und sie liebt das aufregende Leben auf der Hollybrook Farm. Die Tiere in Lucys Nähe scheinen zu spüren, dass sie ihr vertrauen können. So erlebt Lucy ein Abenteuer nach dem anderen …

Im Wald beobachtet Lucy eine Dachsfamilie. Doch eines Tages sind alle Dachse wie vom Erdboden verschwunden. Nur ein einsames Dachsjunges, das noch nicht selbstständig fressen kann, ist zurückgeblieben. Lucy fragt bei einer Dachsaufzuchtstation um Hilfe. Außerdem treibt sich ein Mann bei der verlassenen Hütte im Wald herum. Hat er etwas mit einem geplanten Pferdediebstahl auf dem benachbarten Gestüt zu tun?

100 Seiten

UEBERREUTER

Lucy Tremayne liebt Tiere – und sie liebt das aufregende Leben auf der Hollybrook Farm.
Die Tiere in Lucys Nähe scheinen zu spüren, dass sie ihr vertrauen können. So erlebt Lucy ein Abenteuer nach dem anderen ...

Mitten in der Nacht kommt ein kleines Lamm zur Welt. Als das Mutterschaf bei der Geburt stirbt, ist das Lamm noch sehr schwach. Lucy gibt ihm den Namen Rosie und zieht es liebevoll mit der Flasche auf. Es dauert nicht lange und Rosie folgt ihr überallhin. Selbst in die Schule! Aber als Einbrecher die Farm ausräumen wollen und Lucy in die Vorratskammer sperren, wird sie von Rosie gerettet.

LUCYS TIERE

Mary Hooper

Gut gemacht, Rosie

Aus dem Englischen von Ulla Neckenauer
Illustrationen von Anthony Lewis

UEBERREUTER

Mary Hooper

ist seit 15 Jahren Autorin von Kinder- und Jugendbüchern mit lustigen und romantischen, Grusel- und Tiergeschichten. Für die Reihe Lucys Farm verbrachte sie einige Zeit in Devon, um das Leben dort genau zu studieren. Mary Hooper hat zwei erwachsene Kinder und lebt heute am Stadtrand von London. Ihr größtes Hobby ist das Töpfern, da ihr dabei, so sagt sie, die besten Ideen für ihre Geschichten kommen.

Anthony Lewis

beendete 1989 sein Studium an der Liverpool School of Art mit Auszeichnung. Bis heute hat er über 200 Bilder-, Kinder- und Jugendbücher, Lyrikbände und Sachbücher illustriert. Mit seiner Frau lebt er in Cheshire in Wales.

ERSTES KAPITEL

»Ich bin fix und fertig!«, klagte Lucy und ließ sich an dem langen Holztisch, der in der Küche stand, auf einen Stuhl plumpsen.

»Wenn du gegessen hast, geht es dir gleich wieder besser«, sagte ihre Mutter. »Das Abendessen ist fertig. Sei so gut und schnall Kerry in ihrem Stuhl fest.«

Lucy bückte sich, um ihre kleine Schwester vom Boden aufzuheben. Zum Dank versetzte ihr die fast einjährige Kerry einen Schlag gegen den Kopf und griff sich eine Hand voll des langen blonden Haars, während sie auf ihren Kindersitz verfrachtet wurde.

»Autsch!«, rief Lucy lachend. »Du kleines Monster!« Sie befreite sich und nahm Platz. »Ich habe Dad beim Melken geholfen, die Hunde gefüttert, den Kälbern Heu gebracht *und* die Eier eingesammelt!«

»Du bist ein Schatz. Und hier kommt deine Belohnung.« Ihre Mutter servierte ihr eine Portion geschmortes Hähnchen. »Lass dir's schmecken. Du brauchst nicht auf Dad zu warten.«

Lucy begann zu essen. Das Hähnchen stammte glücklicherweise aus dem Supermarkt, so brauchte sie sich keine Sorgen darüber zu machen, ob sie vielleicht eines ihrer Lieblingshühner verspeiste.

Lucy Tremayne lebte mit ihren Eltern und ihrer Schwester Kerry auf der Hollybrook Farm etwas außerhalb des Dorfes Bransley, das in der Grafschaft Devon im Südwesten Englands liegt. Die Küste war nicht weit weg und nach Honley, der nächsten Stadt, waren es sechs Meilen. Die Tremaynes besaßen so um

die fünfzig Friesische Kühe und hatten ihren Hof auf Milchwirtschaft spezialisiert. Außerdem gab es eine Schar Hühner, mehrere Katzen, zwei Hunde und seit diesem Jahr auch ein halbes Dutzend Mutterschafe mit ihren Lämmern.

»Abgesehen von all diesen Arbeiten habe ich die restlichen Sachen aus meinem Zimmer in den Heuschober geschafft. Inzwischen sieht es riesig aus da oben!«

»Ich wusste, du würdest begeistert sein, wenn du erst mal eingezogen bist«, antwortete ihre Mutter lächelnd.

Anfangs war Lucy entsetzt gewesen, nachdem ihre Eltern ihr eröffnet hatten, dass sie zahlende Gäste aufnehmen wollten, um das Familieneinkommen zu verbessern. Das musste man sich mal vorstellen – Fremde auf dem Hof! Vermutlich würden sie überall herumlaufen, die Tiere streicheln wollen und ihnen alle möglichen unbekömmlichen Dinge füttern. Als ihr Dad auch noch hinzufügte, ihr hübsches, lufti-

ges Zimmer würde man als Gästezimmer brauchen, war sie außer sich.

Nachdem sie jedoch hörte, man wolle den Dachboden des in der Nähe vom Haus stehenden Heuschobers ausräumen, putzen, streichen und ihr dort ein neues Zimmer einrichten, war sie etwas versöhnt. Und jetzt, obwohl sie erst vor ein paar Tagen eingezogen war, liebte sie ihr neues Reich. Es war, als wohne man in einem Baumhaus, fand sie. Oder als hätte man eine eigene Wohnung.

»Wann kommt denn der erste?«, wollte Lucy wissen. »Der erste Übernachtungsmensch, meine ich.«

»Der erste *Gast*«, verbesserte Julie Tremayne, die gerade für Kerry eine Kartoffel zerdrückte, »kommt in zehn Tagen. Ein gewisser Mr Glen, der in Honley an einem Wirtschaftsseminar oder so teilnimmt.«

Aus dem Vorraum erklang Gebell und aufgeregtes Getrappel, als zwei Hunde jemanden freudig begrüßten. »Runter!«, hörte Lucy ihren

Dad rufen. »Ihr wisst doch, dass ihr hier nicht reindürft!«

Als Tim Tremayne die Küchentür öffnete, musste er Roger und Podger zurückdrängen. Die Hunde waren eine Kreuzung aus Labrador und Border Collie, und wenn sie nicht draußen herumtobten, wohnten sie in dem kleinen Vorraum, wo die Stiefel standen. Ins Haus selbst durften sie nicht, denn sie waren richtige Arbeitshunde und meist ziemlich dreckig. Was sie jedoch nicht daran hinderte, es immer wieder zu versuchen.

»Ich bin am Verhungern!«, sagte Lucys Vater. Er schenkte den dreien am Tisch ein Lächeln und klopfte Schmutz und Hundehaare von seiner Cordhose. Er war ein großer, gut aussehender Mann mit rotblondem Haar und einem zu allen Jahreszeiten gebräunten Gesicht. Er ging zur Spüle und wusch sich die Hände, während Lucys Mutter den Holzherd öffnete, um die letzte Portion geschmortes Hähnchen herauszuholen und auf den Tisch zu stellen.

Kerry, die gesehen hatte, wie sich die Hundeschnauzen durch die Tür schoben, rief begeistert: »Wau-wau-wau!«

»Was heißt hier *Wau?*« Tim Tremayne strich Kerry über den Kopf. »Sag lieber *Dad!*« Er begann zu essen, hielt dann inne und nickte Lucy zu: »Unsere Schafe machen sich!«

Lucy nickte eifrig. Sie war es, die ihn überredet hatte, Schafe anzuschaffen. »Sie sind

klasse, was? Allerdings war ich heute mit Kerry draußen auf der Weide, um ihr die Lämmer zu zeigen, und es hat sie überhaupt nicht interessiert. Sie hat sich einfach umgedreht und sich ins Gras plumpsen lassen, wo sie auch gleich einen Käfer gefunden hat, den sie aufessen konnte.«

Ihre Mutter lachte. »Ich glaube, unsere Kerry wird nicht eine solche Tiernärrin werden, wie du es bist.«

»Ich hätte ja große Lust, eines von den neugeborenen Lämmern mal so richtig in den Arm zu nehmen und zu knuddeln«, fuhr Lucy sehnsüchtig fort, »aber Mr Mack hat gesagt, das soll ich lieber lassen. Er hat gesagt, wenn das Lamm nach mir riecht, verstößt es seine Mutter vielleicht.«

»Er müsste ja eigentlich Bescheid wissen«, sagte ihr Vater.

Mr Mackintyre war der Besitzer von Thorny Acres, der großen Farm, die an Hollybrook angrenzte. Er war ein Experte auf dem Ge-

biet der Schafzucht und besaß eine große, aus verschiedenen Rassen zusammengesetzte Herde.

»Unsere Lämmer sind jedenfalls topfit«, fuhr Lucy fort.

Ihr Vater nickte. »Ein Jammer, dass sämtliche Mutterschafe bisher immer nur ein Junges bekommen haben. Zwillinge wären mir lieber gewesen – zwei für den Preis von einem sozusagen.«

»Vielleicht bekommt ja Shirley welche«, sagte Lucy. Shirley war die Einzige unter den sechs auf dem Viehmarkt erstandenen Mutterschafen, die noch nicht gelammt hatte.

Ihr Vater zuckte die Achseln. »Es sieht mir nicht danach aus.«

»Warum nicht? Was ist denn los mit ihr?«, fragte Lucys Mutter, während sie sich eine Haarsträhne hinters Ohr strich. Ihr lockiges Haar, blond wie das von Lucy, trug sie mit einem Gummiband hochgebunden.

Tim Tremayne seufzte. »Ich befürchte, dass

sie überhaupt nicht trächtig ist. Vermutlich müssen wir bis nächstes Jahr warten.«

»Wie mühelos sie doch gebären!«, meinte Lucys Mutter. »Finde ich großartig, wie sie so an einem Ende Gras mampfen und am anderen ein Lamm herauspressen.«

»So muss es sein!«, erklärte Tim Tremayne. »Mühelos und ohne zu klagen.«

Lucys Mutter runzelte die Stirn und warf ihm einen Blick zu.

»Meint ihr«, fragte Lucy, »dass Shirley all die anderen Schafe mit ihren Lämmern betrachtet und denkt, hmm … da war doch noch was?«

Ihre Eltern lachten. »Ich glaube nicht, dass Schafe so viel Verstand haben«, sagte ihr Vater.

»Übrigens gibt es wichtige Neuigkeiten im Dorf!«, verkündete plötzlich Lucys Mutter, die gerade Kerry fütterte.

»Ja? Was für welche denn?«, fragte Lucys Vater. »Ist jemand über den Bordstein gestolpert? Oder hat sich Mrs Tregarth-Barton die Nase geputzt?«

»Nein!« Lucys Mutter lachte. »Offenbar sind Einbrecher unterwegs, die in den Häusern der Wohlhabenden die Runde machen. Draußen an der Widecombe-Bucht sind sie bei einer Frau eingebrochen und haben ihren ganzen Schmuck mitgenommen.«

»Dann ist ja alles gut. Dann werden sie sich hier nicht blicken lassen – du besitzt ja keinen Schmuck, den es sich zu stehlen lohnt«, gab Tim Tremayne zur Antwort.

»Jetzt bist du albern!«, schalt ihn seine Frau. »Jedenfalls müssen wir uns vorsehen.« Zu Lucy gewandt fuhr sie fort: »Du hältst auf dem Schulweg die Augen offen, Schatz!«

Lucy nickte. »Wird gemacht. Beth sage ich ebenfalls Bescheid. Wir werden aufpassen.«

Bethany Brown war Lucys beste Freundin. Sie waren schon befreundet seit sie zusammen in der Krabbelgruppe von Bransley gewesen waren. Und nun, in der Dorfschule, besuchten sie dieselbe Klasse.

Lucy schob ihren leeren Teller weg und

blies die Backen auf. »Das hat prima geschmeckt!«, lobte sie. »Ich bin so voll, ich platze gleich.«

Als sie ihren Teller zur Spüle brachte, sah sie zum Fenster hinaus. Auf dem Hof lag eine der Katzen und genoss die letzten Sonnenstrahlen. Bertram, den kecken kleinen Gockel, der mit hochgerecktem Schnabel vorbeistolzierte, ignorierte sie völlig. Von der nahen, von einem Zaun umschlossenen Weide hörte man die unterschiedlichsten *Bäähs* und *Määhs*. Mr Mack hatte Lucy erzählt, jedes Lamm hätte einen eigenen Ruf, den seine Mutter unter vielen anderen erkennen könne, aber Lucy war nicht so sicher, ob sie ihm das glauben sollte.

»Ich denke, ich schaue mal nach den Schafen, bevor es dunkel wird«, meinte Lucy plötzlich.

»Ich weiß Bescheid!«, sagte ihre Mutter grinsend. »Alles andere, bloß nicht den Abwasch machen!«

Lucy ging zur Tür und stieß Rogers und Podgers Nasen zurück, die augenblicklich auftauchten. »Ich komme gleich wieder und geh dir zur Hand.«

»Du wirst deinem Dad zur Hand gehen«, korrigierte ihre Mutter. »Ich werde oben die Vorhänge für dein altes Zimmer fertig nähen, damit alles bereit ist für Mr Glen.«

Lucy schloss die Küchentür, zog die Gummistiefel an und ging, begleitet von den beiden Hunden, den Weg entlang zu der kleinen Schafweide.

Die Mutterschafe waren drüben am Bach, nicht weit von ihnen spielten die Lämmer. Unermüdlich sprangen sie auf eine kleine Erhebung und wieder herunter, wohl um zu sehen, wer von ihnen es am besten konnte. Das Schaf, das sie Shirley getauft hatten, stand etwas abseits, knabberte am Gras und wirkte ganz zufrieden.

»Na los, Shirley!«, rief Lucy. »Wo bleibt dein Lamm? Willst du denn keines bekommen?«

Aber Shirley gab keine Antwort und kaute einfach weiter.

ZWEITES KAPITEL

»Wir müssen nach einer Einbrecherbande Ausschau halten«, sagte Lucy zu Beth und Courtney, als sie am folgenden Tag nach Unterrichtsschluss gemeinsam die Schule verließen.

»Nach einer Einbrecherbande?«, kicherte Beth. »Denkst du, die hängen hier in der Gegend rum und warten darauf, dass wir sie entdecken?«

»Oder meinst du, sie haben Masken vor dem Gesicht und tragen T-Shirts mit der Aufschrift ›Ich bin ein Dieb‹?«, warf Courtney ein.

Lucy spürte, wie sie rot wurde. »Na ja,

ihr wisst schon, was ich meine.« Sie warf einen Blick zu Courtney hinüber, die sich in letzter Zeit laufend an sie und Beth zu hängen schien. Courtney wohnte noch nicht lange in Bransley und beklagte sich unentwegt, wie langweilig sie es hier fände und wie fantastisch doch London gewesen sei. Manchmal wünschte sich Lucy, sie ginge wieder dorthin zurück.

Es war Freitag, der letzte Schultag vor den Ferien. Lucy freute sich schon darauf, eine ganze Woche lang auf der Farm mitzuarbeiten, ihr neues Zimmer herzurichten und die Lämmer besser kennen zu lernen.

»Kommst du mit mir nach Hause?«, fragte sie Beth. »Du weißt ja, wir haben Zwillingskälbchen. Du kannst beim Füttern mithelfen, wenn du magst.« Obwohl Beths Eltern keine Bauern waren, war sie fast ebenso tierlieb wie Lucy. So hatte es sich ergeben, dass Lucy sämtliche Tierkinder, die auf Hollybrook zur Welt kamen, mit ihrer Freundin teilte.

Beth wirkte etwas verlegen, als sie den Kopf schüttelte. »Ich habe Courtney versprochen, mit ihr in die Bücherei zu gehen, um ein Video auszuleihen.«

»Und dann sehen wir es uns bei mir zu Hause an«, fügte Courtney hinzu. »Und eine Pizza wollen wir auch backen.«

»Na gut«, sagte Lucy und wurde wieder rot. Was ging da vor sich? Freitags kam Beth nach der Schule fast immer mit ihr nach Hause!

Um einige peinliche Gesprächspausen auszufüllen, begann Lucy von den Kälbern und Lämmern zu erzählen. Es dauerte nicht lange, bis sie an der Kreuzung beim Kriegerdenkmal angekommen waren. Morgens, wenn sie zur Schule gingen, war das ihr Treffpunkt und nach der Schule trennten sie sich dort. Zur Hollybrook Farm musste man nach rechts in die Embrook Lane abbiegen. Beth und Courtney dagegen gingen weiter geradeaus zu der Neubausiedlung, in der sie wohnten.

»Wir sehen uns irgendwann nächste Woche, Lucy«, schlug Beth vor.

Lucy nickte. »Komm mich besuchen, wann immer dir danach ist.« Sie warf Courtney einen kurzen Blick zu und kreuzte die Finger. »Du kannst auch mitkommen, wenn du magst. Du kannst dir die Zwillingskälber ansehen, bevor wir sie auf den Markt bringen.«

Courtney schüttelte den Kopf. »Ich mag keine Kühe.« Sie schauderte. »Fürchterliche Viecher. Und stinken tun sie auch.«

»Tun sie nicht!«, protestierte Lucy.

»Woher willst du das denn wissen?«, fragte Courtney. »Kannst du gar nicht beurteilen, wenn du den Gestank dauernd in der Nase hast.«

Lucy öffnete den Mund und schloss ihn wieder. Sie wollte keinen Streit mit Courtney, vor allem weil sie nicht so recht wusste, auf welche Seite sich Beth schlagen würde. Somit zuckte sie lediglich die Achseln, winkte zum Abschied, bog in die Embrook Lane und ging heimwärts.

Als sie bei einer Pfütze ankam, stampfte sie platschend hindurch und sah dabei Courtney vor sich, wie sie über und über nass gespritzt wurde.

Bis Lucy daheim angelangt war, war ihr Ärger halbwegs verraucht. Sie kam an ihrem Vater vorbei, der den Melkstall mit dem Schlauch ausspritzte, ging durchs Tor und über den Hof. Als sie zum Wohnhaus aufsah, dachte sie wohl zum hundertsten Mal, wie schön es doch war.

Das große alte Haus aus goldfarbenem Sandstein war mit Butzenfenstern ausgestattet und über der schweren Eingangstür rankten Efeu und Kletterrosen um die Wette. Zu Ehren der Gäste, die in Kürze eintreffen sollten, hatte Lucys Mutter rund um den gepflasterten Hof Töpfe mit Tulpen und Narzissen aufgestellt. Die Wirkung wurde jedoch von all dem Kram, der den Rest des Hofes einnahm, ziemlich beeinträchtigt: Rostige Gerätschaften,

Heuballen, altmodische Milchkannen, Autoreifen, Holzkisten, alte Besen und Rechen – von der Schar herumpickender Hühner ganz zu schweigen. Lucys Mutter hatte versucht, etwas Ordnung zu schaffen, aber da hatte ihr Vater Einspruch erhoben.

»Das hier ist eine Farm! Und zwar eine, auf der gearbeitet wird! So *soll* es hier aussehen! Außerdem brauchen wir diesen ganzen Kram.

Im Übrigen sind mir diese Dinger da im Weg«, hatte er hinzugefügt und die Blumentöpfe in eine Ecke verbannt, was Lucys Mutter allerdings später wieder rückgängig machte.

Lucy ging ins Haus, um ein Glas Orangensaft zu holen. Mit dem Glas in der Hand und einem Keks im Mund gelang es ihr die Leiter hochzuklettern, die zu ihrem Zimmer über dem Heuschober führte.

Natürlich hätte sie sich lieber mit den Tieren zu schaffen gemacht, aber ihre Eltern bestanden darauf, dass die Hausaufgaben Vorrang hatten. Eigentlich hatte Lucy nichts gegen Hausaufgaben, mochte aber die am liebsten, die irgendwie mit Tieren zu tun hatten. Wie zum Beispiel wenn man ihnen auftrug herauszufinden, wie im Viktorianischen Zeitalter die Landwirtschaft betrieben wurde oder wie der Verdauungstrakt eines Schafes funktionierte.

Ihr Vater hatte ihr neues Zimmer mit einem Tisch und ihrem alten Bett ausgestattet. Da

kaum mehr Platz blieb, hatte Lucy sämtliche Bücher und Hefte auf einen der niedrigen, längs verlaufenden Balken geräumt.

Ganz zu Anfang hatte es hier grauenhaft ausgesehen: Überall lagen alte Getreidesäcke herum, die Fenster waren verdreckt und alles war von einer dicken Schicht aus Staub und Blütenpollen überzogen. Inzwischen war jedoch nicht nur alles blitzblank sauber, sondern auch hübsch. Hatte doch Lucys Mutter blau karierte Vorhänge für die Fenster genäht und einen leuchtend roten Teppich gekauft.

Lucy erledigte einen Teil ihrer Geschichtsaufgaben, doch dann sah sie gelangweilt zum Fenster hinaus. Von hier aus konnte sie den großen Kuhstall und den Melkstall sehen. Und wenn sie das Gesicht dicht ans Fenster presste, hatte sie auch eine Ecke der Schafweide im Blick. Mr Macks Farm mit den Feldern drum herum lag zu ihrer Rechten und weiter oben am Hügel lag das Dorf, von dem Lucy gerade noch den Kirchturm und einige Dächer

erkennen konnte. Ein Stück weiter war Beth wohl gerade bei Courtney zu Hause, wo sich die beiden ein Video ansahen und eine Pizza aßen …

Das leise, regelmäßige Muhen aus dem Melkstall verriet ihr, dass ihr Vater mit dem Melken begonnen hatte. Lucy wäre liebend gern mit dabei gewesen. Gab es neue Kälber? War es ihrem Dad gelungen, den Zwillingen beizubringen, aus einem Eimer zu trinken? Welche Kühe und welche Kälber würden nächste Woche auf dem Markt verkauft werden?

Lucy seufzte, riss sich widerstrebend vom Fenster los und versuchte sich auf die Reihe der Könige und Königinnen der Tudorzeit zu konzentrieren …

In den frühen Morgenstunden wurde Lucy von Geräuschen wach, die von unten heraufdrangen. Ihr erster Gedanke galt den Einbrechern. Ihr Herz schlug wie rasend und sie war kurz davor, aus lauter Angst unter ihr Federbett

zu tauchen, als sie die Stimme ihres Vaters hörte.

»Lucy!«, rief er. »Bist du wach?«

Lucy kroch zum Rand des Bettes und hob die hölzerne Fußbodenklappe hoch.

»Was ist denn los?«, rief sie nach unten. »Ist was passiert?«

»Ich weiß nicht so recht, aber ich habe von der Schafweide her komische Geräusche gehört. Willst du mitkommen?«

»Ist ja wohl klar!« Lucy schlüpfte in Jeans und Stiefel, zog ihren wollenen Morgenmantel darüber und band ihn fest zu.

»Wenn du morgen zur Schule müsstest, hätte ich dich nicht geweckt«, sagte ihr Dad. »Aber ich weiß ja, dass dich alles brennend interessiert, was mit deinen Schafen zu tun hat.«

Lucy kletterte die Leiter hinunter. Ihr Vater stand in seiner gewohnten Arbeitskleidung unten. Er hielt die große Laterne in der Hand, die er immer dann benutzte, wenn er nachts nach den Tieren sah. »Wie spät ist es?«, erkun-

digte sich Lucy aufgeregt. Inzwischen war sie hellwach.

»Kurz nach fünf«, antwortete ihr Vater. »Ich wollte gerade zum Melken aufstehen, als ich von der Schafweide her Geräusche hörte und mich fragte, ob das vielleicht unsere Shirley ist, die gerade lammt. Ich dachte mir, du könntest die Laterne halten, während wir nachsehen, was da los ist. Vielleicht müssen wir den Tierarzt aus dem Bett holen.«

Lucy, die rasch neben ihrem Vater herging, sah fragend zu ihm hoch. »Jetzt ist aber nichts mehr zu hören.«

»Die Geräusche haben vor einem kleinen Weilchen aufgehört.« Er zuckte die Achseln. »Vielleicht braucht Shirley doch keine Hilfe.«

Während sie über den Hof und den Weg entlanggingen, tauchten am Nachthimmel die ersten rosa Streifen auf. Es war ein kalter, frischer Morgen. Das Gras und die Hecken hingen voller Tautropfen, die nun im Licht der Laterne funkelten. Ein einzelner Vogel durchbrach die Stille mit seinem Gesang, um die Morgendämmerung anzukündigen.

Lucy stieß einen tiefen Seufzer aus. »Es ist so … so wunderschön und magisch!«

»Ich fand schon immer, dass dies die beste Zeit des Tages ist«, stimmte ihr Vater zu. »Da gibt es nur mich und die Tiere.«

»Und heute auch noch mich!«, ergänzte Lucy, die angestrengt zur Weide sah.

Die Schafe waren in dem kleinen Pferch, in den sie abends als letzte Tat des Tages gebracht wurden. Dort waren sie ein wenig vor dem Wet-

ter geschützt und die jungen Lämmer waren vor den Füchsen sicher.

»Hoffentlich ist alles in Ordnung«, sagte Lucy besorgt.

»Das werden wir gleich wissen.« Doch als ihr Vater in den Pferch sah, rief er entsetzt: *»O nein!«*

DRITTES KAPITEL

»Was ist los?«, drängte Lucy und versuchte, über die aus Weidenruten geflochtenen Seitenwände zu sehen.

»Die arme Shirley!«, sagte ihr Vater, während er das Gatter öffnete und sie hineingingen. »Sei so gut und bring die Schafe und die Lämmer nach draußen, Schatz.«

Lucy gehorchte. Blökend flohen die fünf Mutterschafe mit ihren Lämmern hinaus und zum anderen Ende der Weide. Nur ein regungsloses, auf der Erde liegendes Wollbündel blieb übrig – Shirley.

Tim Tremayne beugte sich über sie. »Ich fürchte, sie ist tot«, sagte er nach einem Augenblick.

»O nein, Dad!«, keuchte Lucy. Eines von ihren geliebten Mutterschafen … Als sie plötzlich fröstelte, wickelte sie sich fester in ihren Morgenmantel. »Wie ist denn das passiert? Was meinst du?«

»Schwer zu sagen …« Ihr Vater reichte ihr die Laterne und rollte das tote Schaf sanft auf die andere Seite, damit er es genauer ansehen konnte. »Na so was!«, rief er plötzlich aus. »Da liegt ja ein Lamm! Um ein Haar hätte ich es gar nicht entdeckt.«

»Wirklich? Lass mich sehen!« Einen Augenblick lang vergaß Lucy die tote Shirley und kniete sich neben ihren Vater ins Gras. Sie starrte auf das winzige Tier hinunter, das zum Teil immer noch von der durchsichtigen Blase überzogen war, in der es geboren wurde. »Oh! Können wir …?«, begann Lucy aufgeregt, doch ihr Vater unterbrach.

»Es wird nichts nutzen, Schatz. Ich fürchte, das Lamm ist ebenfalls tot.«

Lucys Augen füllten sich mit Tränen. »O nein! Meinst du, wenn wir früher gekommen wären, dann hätten wir …«

»Kann man nicht sagen.« Tim Tremayne klopfte ihr auf die Schulter. »Auf einer Farm kommen derartige Dinge eben manchmal vor. Das weißt du doch inzwischen.«

Lucy biss sich auf die Lippe und gab sich Mühe, nicht zu weinen.

»Ich dachte mir schon, dass an Shirley irgendwas komisch ist«, sagte ihr Vater und richtete sich wieder auf. »Ich bin kein Experte, aber vielleicht hat das Lamm falsch gelegen. Vielleicht ist es –«

Lucy stieß einen leisen Schrei aus. »Gerade hat es sich bewegt! Ich habe es gesehen!«

Ihr Vater nahm ihr die Laterne ab und hielt sie hoch. »Ich fürchte, das hast du dir eingebildet, weil du es dir wünschst, Lucy.«

Lucy hielt den Blick fest auf den winzigen, zerbrechlichen Körper des Lamms geheftet. Hatte es sich wirklich bewegt oder hatte sie es sich nur eingebildet?

Während sie beide hinsahen, ruckte das Lamm plötzlich mit den Hinterbeinen und die Blase riss zur Gänze auf.

»He!«, rief Tim Tremayne. »Du hast Recht gehabt!«

Lucy griff rasch nach dem alten Handtuch,

das über einer Seitenwand des Pferchs hing, und begann das Lämmchen abzureiben. Es war dünn, feucht, so winzig wie ein Welpe und ziemlich schlaff. Es zuckte zurück und zitterte in ihren Händen. Die Augen waren immer noch geschlossen.

Behutsam hob Lucy das Lamm auf, wickelte es in das Handtuch ein und drückte es eng an die Brust, um es zu wärmen. »Kann ich es mit ins Haus nehmen?«, fragte sie ihren Vater atemlos.

»Natürlich kannst du das, Schatz. Aber – na ja, es sieht nicht allzu gut aus.«

»Aber versuchen muss ich es!«

»Natürlich musst du es versuchen. Ich will nur nicht, dass du anschließend unglücklich bist.« Tim Tremayne sah auf das kleine Tier hinunter. »Ich werde ehrlich mit dir sein, Schatz. Es sieht mir nicht danach aus, als könnte dieses Lamm überleben.«

»Aber versuchen *muss* ich es einfach!«, wiederholte Lucy, während sie rasch zum Wohnhaus gingen.

Drinnen war alles still. Lucys Mutter und Kerry schliefen noch und selbst Podger und Roger schienen zu wissen, dass es zum Herumhopsen und Krachmachen noch zu früh war.

»Ich weiß nicht viel über Lämmer«, sagte Lucys Vater auf dem Weg in die Küche. »Aber ich nehme an, dass man genauso vorgeht wie bei verwaisten Kälbern – mehr als alles andere brauchen sie Wärme und Nahrung. Nur weiß ich nicht, ob dieses Lamm überhaupt die Kraft zum Trinken hat.«

»Ich werde es mit dem Fläschchen füttern müssen, was?«, fragte Lucy. Sie trug das Lamm immer noch behutsam auf den Armen, während sie einen Stuhl so dicht wie möglich zum Herd zog und sich darauf niederließ.

Ihr Vater schüttelte zweifelnd den Kopf. »Da hast du aber eine gewaltige Aufgabe vor dir – und ich bin nicht sicher, ob du Erfolg haben wirst.« Er öffnete die Herdtür, damit mehr Wärme herauskam. »Ich muss dich alleine lassen. Wenn ich noch länger hier herumstehe,

komme ich mit dem Melken in Rückstand. Viel Glück, Schatz.«

Er ging hinaus. Lucy, der ganz zittrig zumute war, klappte das Handtuch auf. Fast fürchtete sie sich davor, das Lamm anzusehen. Vielleicht war es inzwischen gestorben?

Das kleine Tier lag regungslos und schlaff auf dem Handtuch. Es schnappte nach Luft, als fiele ihm jeder einzelne Atemzug schwer. Lucy streichelte und tätschelte es behutsam, ver-

suchte wieder Leben in die dünnen Beinchen zu reiben, den Kreislauf anzuregen und den winzigen Körper zu wärmen. Draußen auf der Weide hatte sie gesehen, wie die Mutterschafe ihre neugeborenen Lämmer leckten, um dasselbe zu erreichen.

»Na los, du goldiges kleines Ding!«, sagte sie leise. »Komm mal in Gang! Du musst es versuchen!«

Das Tier rührte sich nicht, aber Lucy ließ nicht locker, massierte die kleinen Gliedmaßen und sprach leise, drängend auf das Lämmchen ein. Und tatsächlich – ein kleines Weilchen später bewegte es den Kopf und gab ein leises Geräusch von sich.

Lucy war ganz aus dem Häuschen vor Freude. »Suchst du nach Milch?«, fragte sie. Wenn das Lamm Hunger hatte, so war das, wie sie wusste, ein gutes Zeichen. Es bedeutete, dass es nicht aufgab – dass es leben wollte. Aber wie sollte sie es füttern? Sie wusste, dass aus der Zeit, wo Kerry ein Säugling gewesen war, keine

Fläschchen im Haus waren, denn ihre Mutter hatte Kerry gestillt. Nein, sie würde wohl zu Mr Mack hinübergehen müssen. Bestimmt hatte auch er manchmal verwaiste Lämmer, er musste also auch eine Flasche besitzen.

Lucy zog ihren Morgenmantel aus, um damit auf dem Stuhl ein Bett für das Lamm zu bauen. »Ich komme so schnell wie möglich wieder«, versprach sie, während sie es in das gemütliche Nest legte. »Ich will versuchen dir ein Frühstück aufzutreiben.«

»Du hast *was?*«, fragte Mr Mack.

»Ein Lamm!«, rief Lucy atemlos. Sie hatte zwei Pullis übereinander gezogen und war den ganzen Weg bis Thorny Acres gerannt. Obwohl es noch sehr früh war, luden Mr Mack und sein Hirte schon Schafe in einen LKW, um damit zum Markt zu fahren. »Es ist verwaist und ich habe es Rosie genannt.«

Mr Mack lachte glucksend. Er war ein großer, breiter Mann – ein Farmer vom alten Schlag in

Tweedkleidern und buschigen Koteletten. »Wieso Rosie?«

»Einfach, weil es wie eine Rosie aussieht«, sagte Lucy, die sich unterwegs für diesen Namen entschieden hatte. Sie hopste ungeduldig von einem Fuß auf den anderen. »Aber ich darf es nicht so lange allein lassen. Ich wollte nur fragen, ob Sie mir ein Fläschchen leihen, damit ich es füttern kann.«

»Selbstverständlich.« Mr Mack sah Lucy nachdenklich an. »Aber vielleicht ist es einfacher, du bringst es zu mir herüber. Hier gibt es schon einige Waisen. Ich könnte es einem Mutterschaf geben, das sein eigenes Lamm verloren hat.«

»Aber es würde meine Rosie doch nicht annehmen, oder?«, meinte Lucy verwirrt. »Ich habe gesehen, dass sie fremde Lämmer einfach wegstoßen.«

»Nun, ich könnte deiner Rosie das Fell des toten Lamms umhängen«, sagte Mr Mack. »Dann würde es die Mutter eher als das ihre anerkennen.«

Lucy zog die Nase kraus. »Danke, aber ich werde es schon schaffen. Ich werde es mit der Flasche füttern und es schön warm halten und alles.« Sie dachte an das unter ihren Morgenmantel gekuschelte Lamm. »Oh, hoffentlich geht es ihm gut!«

»Dann besorge ich dir jetzt am besten eine Flasche«, sagte Mr Mack. Er ging in eine Scheune und holte eine lange Glasflasche mit einem Gummisauger obenauf.

»Vielen Dank, Mr Mack!« Lucy war so ungeduldig nach Hause zu kommen, dass sie sich beherrschen musste, ihm die Flasche nicht aus der Hand zu reißen und davonzustürzen. »Ich bringe Rosie bald mal mit, um sie Ihnen vorzustellen!«

Mr Mack lachte. »Das wird ein ganz neuartiges Erlebnis für mich werden! Als hätte ich nicht selber zweihundert Lämmer!«

Lucy rannte mit der Flasche in der Hand so schnell sie nur konnte nach Hollybrook zurück. »Renn für Rosie … renn für Rosie …!«,

befahl sie sich unterwegs schnaufend. Renn, um ihr das Leben zu retten!

»So, Rosie«, sagte Lucy, als sie das Lamm auf den Armen hielt und ihm die Flasche mit warmer Milch anbot. »Hier ist dein Frühstück!«

Das Geräusch, das Rosie machte, war zu leise, als dass man es ein Blöken hätte nennen können. Sie öffnete matt ihr Mäulchen, schien aber nicht zu begreifen, dass sie saugen musste. Lucy nahm sie in Augenschein und befand, dass sie schon jetzt ein bisschen besser aussah als zu Anfang. Inzwischen hatte sie die Augen geöffnet und ihr Körper war warm. Die krausen Fellhaare hatten sich aufgeplustert und klebten nicht mehr feucht am Körper.

Lucy probierte es noch ein paar Mal mit der Flasche. Dann entschloss sie sich, etwas anderes zu versuchen. Sie hielt die Flasche über Rosies Mäulchen und schüttelte sie vorsichtig, bis ein wenig Milch auf die Zunge tropfte. Rosie schien

zu kapieren, denn mit einem Flattern der Augenlider schluckte sie.

»Komm schon, Rosie!«, drängte Lucy. »Hier wartet noch eine ganze Flasche auf dich!«

Sie ließ noch mehr Milch in das Mäulchen tropfen und wieder schluckte Rosie sie hinunter.

»Das geht zu langsam!« Lucy runzelte die Stirn. »Wenn du nicht ordentlich trinkst, wirst du nie groß und stark werden!« Sie lächelte, als

ihr einfiel, dass ihre Mutter gelegentlich dasselbe zu ihr sagte. »Du musst dir ein bisschen mehr Mühe geben!«

Sie presste die Saugkappe gegen Rosies Zunge, damit ein wenig Milch austrat. Wieder schluckte das Lamm, immer noch ziemlich schwach. Doch Lucy ließ nicht locker und versuchte es immer wieder, bis das Lamm plötzlich zu begreifen schien. Es nahm den Sauger in den Mund, legte den Kopf zurück und begann regelmäßig zu schlucken.

Lucy stieß einen erleichterten Seufzer aus. »Hervorragend!«, rief sie. »Na los! Trink deine köstliche Milch!«

Rosie trank und trank – dann schlief sie ein.

Lucy hob die Flasche hoch und nahm sie in Augenschein. »Braves Mädchen!«, lobte sie. »Du hast fast alles getrunken.« Sie konnte es nicht erwarten, ihrem Vater Bericht zu erstatten. Und was ihre Mutter betraf – nun, die wusste noch nicht einmal, dass sie ein verwaistes Lamm adoptiert hatten.

Lucy sah zu der großen alten Holzuhr an der Wand. Es war erst halb acht, sie hatte schon einem Lamm das Leben gerettet – und das alles ohne Frühstück!

VIERTES KAPITEL

»Meinst du, sie hat es geschafft?«, fragte Lucy ihren Vater am Nachmittag des folgenden Tages. Sie gähnte laut vor Müdigkeit, denn sie war fast die ganze Nacht auf den Beinen gewesen, um Rosie regelmäßig die Flasche zu geben.

Ihr Vater nickte. »Ich glaube schon. Und das haben wir dir zu verdanken. Ich finde, sie sieht recht gut aus.«

»Finde ich auch«, sagte Lucy mit einem erleichterten Seufzer.

Lucys Vater war auf eine Tasse Tee von den Feldern hereingekommen und nun standen sie alle draußen im Hof und sahen zu, wie Rosie

herumgaloppierte. Lucy hatte einen Großteil der letzten zwei Tage damit verbracht, das Lamm zu versorgen. Am ersten Tag hatte sie ihm alle zwei Stunden die Flasche geben müssen und nachts alle drei. Glücklicherweise waren gerade Ferien und die Schlafenszeiten wurden lockerer gehandhabt.

Rosie sah inzwischen um ein Vielfaches besser aus. Ihr lockiges Fell hatte die Farbe von Sahne und fühlte sich so weich an wie Entendaunen. Ihre Augen strahlten und das Innere ihrer Ohren leuchtete pfirsichrosa.

»Seht nur!« Lucy deutete und lachte. Rosie sah mit schief gelegtem Kopf und mit einem drolligen Gesichtsausdruck zu ihnen hoch, als wüsste sie, dass man über sie sprach.

»Sie ist wie ein kleines Hündchen!«, meinte Lucys Mutter.

»Wau!«, machte Kerry genau aufs Stichwort.

Podger bellte zur Antwort. Die beiden Hunde lagen im Schatten des alten Traktors, behielten

Rosie im Auge und warteten auf den Befehl *Herholen!*

»Bleibt liegen, ihr beiden!«, rief Tim Tremayne den Hunden zu. »Bei dieser Kleinen braucht ihr noch nicht die Viehtreiber zu spielen.«

»Renn doch mal über den Hof, damit dich Rosie verfolgen kann!«, schlug Julie Tremayne ihrer Tochter vor. »Es gefällt mir, wie sie mit den Beinchen nach hinten austritt.«

Lucy rannte in einem großen Kreis um den Hof und Rosie hüpfte und sprang unentwegt

blökend hinter ihr her. Drei Hühner flohen in den sicheren Hühnerstall.

»Sie ist so übermütig, wie man das von Lämmern erwartet«, bemerkte Lucys Mutter.

»Vor zwei Tagen war sie nicht übermütig«, warf Tim Tremayne ein. »Da war sie noch fast tot.«

»Hör auf, Dad!«, stöhnte Lucy etwas außer Atem.

»Es stimmt aber, Schatz. Du hast gute Arbeit geleistet. Sieh doch nur, wie sie dir auf Schritt und Tritt folgt! Sie hält dich für ihre Mutter.«

»Eines würde mich ja interessieren«, kam von Julie Tremayne. »Was ist, wenn du nächste Woche wieder in die Schule musst?«

Lucy zuckte die Achseln. »Wenn du nichts dagegen hast, ihr im Lauf des Tages ein paar Mal die Flasche zu geben, könnte ich sie vermutlich zu den anderen Schafen stecken.«

»Ha!«, gab ihre Mutter zurück. »Nicht nur, dass ich eine Farm, eine Familie und Gäste zu versorgen habe, nein, jetzt habe ich auch noch

ein Lamm, das auf Verlangen gefüttert werden muss!«

»Entweder das oder wir machen einen hübschen Lammfellteppich daraus«, schlug Tim Tremayne grinsend vor.

»Dad!« Lucy war entsetzt. »Wie kannst du bloß so etwas Schreckliches sagen!«

»War doch nur Spaß.« Und Tim Tremayne lachte.

»Was stelle ich nur mit dir an?«, überlegte Lucy einige Tage später, während sie Rosie musterte. »Dad hatte Recht – du hältst mich für deine Mutter, was? Ich musste dich sogar unter mir im Heuschober schlafen lassen.« Sie bückte sich, um das kleine Lamm zu umarmen. »Beth wird begeistert sein, wenn sie dich sieht!«

Lucy seufzte. Sie war die ganze Woche über zu beschäftigt gewesen, um Beth zu besuchen. Sie hatte zwar einmal angerufen, um ihr die Neuigkeiten zu erzählen, aber ihre Mutter hatte gesagt, sie sei bei Courtney. Und zurückgerufen hatte sie Lucy nicht.

»Am Montag lade ich sie ein, mit mir nach Hause zu kommen um dich kennen zu lernen«, sagte Lucy. Aber Courtney werde ich nicht einladen, dachte sie sich.

Rosie kugelte auf dem staubigen Hof herum, dann entdeckte sie eine der Katzen und rannte zu ihr hin. Doch die Katze verschwand in den Schatten.

»Du brauchst jemand zum Spielen, wenn ich nicht da bin.« Lucy überlegte einen Augenblick. Dann fasste sie einen Entschluss, bückte sich und hob Rosie auf. »Komm, wir gehen mal schauen, wie du dich mit den anderen verträgst!«

Sie klemmte sich Rosie fest unter den Arm, verließ den Hof und ging den Weg entlang bis zu der kleinen Weide, wo die anderen Schafe untergebracht waren.

»Hallo, Lucy!«, schallte es da über die Felder. Als sie die Augen gegen die Sonne abschirmte, sah sie Mr Mack auf sich zukommen.

Mit der zappelnden Rosie auf den Armen

wartete sie an der Hecke. Es war das erste Mal, dass Rosie das Hofgelände verließ, und Lucy wagte es nicht, sie abzusetzen, weil sie befürchtete, das kleine Lamm könnte davonrennen.

»Ist das dein Waisenkind?«, erkundigte sich Mr Mack beim Näherkommen.

Lucy nickte stolz. »Das ist Rosie. Ist sie nicht wunderhübsch?«

Mr Mack schenkte dem Lamm einen prüfenden Blick. »Ein kräftiges kleines Ding. Müsste auf dem Markt einen guten Preis erzielen.«

»Die wird nicht verkauft!« Lucy war entsetzt. »Sie sind ebenso schlimm wie mein Dad, ja, das sind Sie – er wollte einen Lammfellteppich aus ihr machen!«

Mr Mack lachte. »So sind wir Farmer eben.« Er tätschelte das Lamm. »Sieht so aus, als hättest du gute Arbeit geleistet!«

Lucy strahlte. »Es geht ihr gut jetzt«, sagte sie. »Aber da ich Montag wieder in die Schule

muss, bringe ich sie auf die Weide, damit sie sich mit den anderen Lämmern anfreunden kann.«

»Dürfte eigentlich kein Problem sein«, meinte Mr Mack und Lucy kam es so vor, als gäbe er sich Mühe, ein Lächeln zu unterdrücken. »Das heißt, solange deine Rosie nicht versucht, bei einem der Mutterschafe ans Euter zu gehen.« Er ließ den knotigen Stock wirbeln, den er bei sich hatte. »Ich mache meinen Abendspaziergang. Hast du hier in der Nähe zufällig einen großen weißen Lieferwagen gesehen?« Als Lucy den Kopf schüttelte, fuhr Mr Mack fort. »Einer meiner Hirten erzählt, vor einer Weile hätte drüben an der Kreuzung ein weißer Transporter gestanden, und man kann heutzutage nicht vorsichtig genug sein.«

»Sie meinen wegen der Einbrecher? Sind die denn immer noch in der Gegend?«, erkundigte sich Lucy.

»Möglicherweise … möglicherweise …« Mr

Mack wedelte mit seinem Stock durch die Luft. »Die sollen nur kommen!«

Lucy grinste. Mr Mack war ein großer, starker Mann. Wenn sie ein Einbrecher wäre, würde sie einen großen Bogen um ihn machen.

Mr Mack marschierte davon. Lucy öffnete das Gatter, das auf die Weide führte, ging hinein und stellte Rosie auf dem Gras ab.

Das Lamm blieb mit gespreizten Beinen stehen und sah sich um. Alles war frisch und neu. Narzissen und purpurne Krokusse vermischten sich mit rosa Klee und weißen Gänseblümchen; saftiges grünes Gras wuchs bis hin zu dem mit Blüten übersäten Weißdorngebüsch.

Die Schafe und Lämmer beäugten Lucy und Rosie und wichen langsam zurück.

»Keine Angst!«, sagte Lucy. »Ich bleibe nicht da. Ich möchte, dass ihr nett seid zu meiner Rosie!«

Rosie senkte ihren Kopf zum Gras, ließ ein kurzes *Bääá* ertönen, dann rieb sie sich das Gesicht im saftigen grünen Klee. »Der schmeckt

wirklich köstlich!«, erklärte ihr Lucy. »Bald wirst du Unmengen davon fressen. Aber sieh mal da drüben …« Sie nahm Rosie kurz hoch und stellte sie so wieder ab, dass sie die anderen sehen konnte. »Das da drüben sind Lämmer, so wie du eines bist!«

Rosie blieb stocksteif stehen und starrte über die Weide.

»Du bist ein Lamm und das sind auch Lämmer«, teilte Lucy ihr mit und hoffte sehr, dass

Mr Mack sie nicht belauschte und sich halb totlachte. »Und diese Lämmer werden deine Freunde und Freundinnen werden.«

Rosie blökte leise.

»Hoffe ich wenigstens«, murmelte Lucy. »Aber solange ich da bin, werden sie nicht herkommen, um sich mit dir zu unterhalten. Ich lasse dich jetzt also für ein Weilchen allein.«

Lucy streichelte Rosie ein letztes Mal und schlich dann hinaus, um hinter der Hecke versteckt bangen Herzens zu warten.

Einen Augenblick lang blieb Rosie verwirrt stehen, dann rannte sie auf der Suche nach Lucy blökend hin und her. Am liebsten wäre Lucy auf die Weide gelaufen und hätte sie an sich gedrückt, aber sie beherrschte sich.

Ein kleines Weilchen später kamen zwei Lämmer vom anderen Ende der Weide auf Rosie zugerannt. Sie zögerte kurz, blökte ein wenig und hüpfte dann auf die beiden zu. Als die drei Lämmer sich in der Mitte der Weide trafen,

beschnupperten sie sich erst und rannten dann hopsend und springend zum Bach.

Lucy stieß einen erleichterten Seufzer aus. Es sah ganz danach aus, als hätte Rosie Freunde gefunden.

FÜNFTES KAPITEL

»Kommst du heute nach der Schule gleich heim?«, erkundigte sich Lucys Mutter am folgenden Montag. Sie saß mit Lucy und Kerry beim Frühstück in der Küche, während Tim Tremayne das morgendliche Melken besorgte.

Lucy nickte. »Natürlich – ich muss doch so schnell wie möglich zu Rosie zurück. Einen ganzen Tag lang waren wir noch nie getrennt. Ich muss doch wissen, wie es ihr geht.«

Ihre Mutter lächelte. »Jetzt weißt du, was wir Mütter durchmachen, wenn wir uns von unseren Kindern trennen müssen!«

Lucy grinste, aß den Rest ihrer Frühstücksflocken und fütterte Kerry mit einem schmalen Streifen Toast. »Wann kommt dieser Übernachtungsmensch?«, fragte sie.

»Mr Glen trifft heute Abend ein«, antwortete ihre Mutter. »Aber vorher habe ich noch hundert Dinge zu erledigen – unter anderem wollen dein Dad und ich zum Markt fahren, um uns dort einige Färsen anzusehen.«

Lucy nickte. Sie wusste, dass die Kühe, die zu alt zum Kalben waren, auf dem Markt verkauft und durch Färsen ersetzt wurden – Jungtiere, die noch nie gekalbt hatten und die später viel Milch geben würden.

»Sei so gut und pflück auf dem Heimweg ein paar Wildblumensträuße für Mr Glens Zimmer«, fuhr Lucys Mutter fort.

Lucy zog die Augenbrauen hoch. »Der wird ja ganz schön verwöhnt! Neues Bett, neue Vorhänge, neuer Teppich – und jetzt sogar noch Blumen aufs Zimmer!«

»Dir mag es ja albern vorkommen«, sagte

Julie Tremayne, »aber wir müssen Erfolg haben mit unserem neuen Projekt. Das Vieh bringt nicht mehr das ein, was es mal einbrachte, und das müssen wir irgendwie ausgleichen.« Als sie Kerry das Gesicht abwischte, prustete die Kleine und heulte. »Ich weiß, ich kann mich darauf verlassen, dass du stets höflich zu ihm bist, Lucy – ebenso wie zu allen anderen, die noch kommen werden.«

Lucy nickte. Dann stand sie auf und sah zum Fenster hinaus. Rosie war auf dem Hof und schob sich gerade behutsam zu einer der Katzen hin. Aber jedes Mal, wenn sie zu nahe kam, entfernte sich die Katze, denn sie hatte keine Lust, mit dem Lamm zu spielen. In den letzten Tagen hatte man Rosie täglich für ein paar Stunden auf die Weide zu den anderen Lämmern gebracht. Jetzt, wo die Schule wieder begann, musste sie den ganzen Tag dort verbringen. Gleich würde Lucy sie hinüber begleiten …

»Bis bald!«, sagte Lucy zu Rosie, während sie durch die weiche Wolle des Lammes wuschelte und es dann aufs Gras setzte. »Kurz nach drei bin ich wieder da. Und später kommt Mam herüber und gibt dir ein Fläschchen.«

Da Rosie ohne einen Blick zurück zu den anderen Lämmern rannte, hängte sich Lucy ihre Sporttasche über die Schulter und nahm ihren Rucksack auf. Sie hatte überhaupt keine Lust auf Schule! Viel lieber wäre sie zu Hause geblieben bei Rosie – obwohl sie sich auch auf Beth freute und darauf, ihr und allen anderen in der Klasse von dem neuen Lamm zu erzählen.

Während Lucy den Weg entlangging, der zum Kriegerdenkmal führte, überlegte sie sich, ob Beth wohl dort auf sie warten würde. Sie machte einen langen Hals, um über die Hecken zu sehen … war sie das da vorne? Oder waren es zwei Personen, die da warteten? War Courtney auch mit dabei? Hoffentlich nicht.

Lucy ging rasch weiter. Sie war später dran als sonst, weil sie dem Lamm noch ein letztes Fläschchen hatte geben müssen, bevor sie es auf die Weide brachte. Vor ihr flitzten Schwalben durch die Luft, zwitschernd und einander rufend. Jetzt ist wirklich der Frühling da, dachte Lucy glücklich. Bald würde die Zeit kommen, wo man die Kühe aus ihrem Winterquartier holen und in die Freiheit der Weiden entlassen würde.

»Bääää!« Von irgendwo hinter Lucy erklang ein leises Blöken. Lucy runzelte die Stirn. Soweit sie wusste, waren auf den nahe gelegenen Wiesen nirgendwo Schafe untergebracht.

»Bääää!« Diesmal klang es näher und obwohl Lucy bis dahin der Meinung gewesen war, sie könne die Stimme eines Lammes nicht von der eines anderen unterscheiden, klang diese da ganz und gar wie die von …

Sie blieb stehen, stellte ihre Taschen ab und kletterte auf ein Gatter, um besser sehen zu können.

»O nein!«, japste sie. Es war tatsächlich Rosie, die da auf sie zukam, so schnell ihre wolligen kleinen Beinchen sie trugen. »Wie hast du es bloß angestellt, von der Weide zu entwischen?«

Als Rosie unentwegt blökend angerannt kam, wusste Lucy nicht, ob sie mit ihr schimpfen oder sie in die Arme nehmen sollte.

»Du unartiges kleines Ding!«, schimpfte sie und hob das kleine Lamm schwungvoll hoch. »Du bist ausgerissen und hinter mir hergelaufen!« Sie drückte Rosie fest an sich. »Aber ich muss doch in die Schule! Heute kann ich nicht zu Hause bleiben und mit dir spielen!«

Aus der Ferne hörte sie das erste Läuten. In fünf Minuten fing der Unterricht an!

»Was mache ich bloß mit dir?« Lucy kaute besorgt auf ihrer Lippe herum. Sie konnte Rosie doch nicht einfach hier auf dem Weg zurücklassen. Und sie über die Hecke und auf die nächste Weide zu heben, war auch keine Lösung, vor allem, da das Lamm fest entschlossen schien Lucy zu folgen.

»Bääää!«, unterbrach Rosie sie in ihren Gedanken.

»Was mache ich bloß?«, sagte Lucy noch einmal. »Ich habe jetzt keine Zeit, dich nach Hause zu bringen. Mrs Fern ist böse mit mir, wenn ich zu spät komme.«

Das zweite Läuten erklang. Rosie scharrte an Lucys Sporttasche herum – und plötzlich kam ihr eine Idee. Eine ziemlich verrückte Idee, aber irgendetwas musste sie ja schließlich unternehmen. Sie hob das Lamm auf, steckte es in die Sporttasche und zog den Reißverschluss bis zur Hälfte zu. Rosie, die nichts dagegen zu haben

schien, legte sich flach auf Lucys Sportsachen. Sie war wohl der Meinung, es handle sich um ein neues Spiel.

Vorsichtig die Tasche tragend eilte Lucy weiter, am Kriegerdenkmal vorbei und in Richtung Schule. Weit und breit war keiner mehr zu

sehen; Beth und Courtney waren offensichtlich ohne sie weitergegangen.

»Ich weiß nicht, was ich mit dir machen soll, Rosie«, schnaufte sie, »aber mir wird schon was einfallen. Vielleicht kann ich dich in einem der Schuppen verstecken. Du musst einfach schlafen und dich still verhalten!«

Sie knabberte immer noch an ihrer Unterlippe, während sie weiterrannte. Es war Unsinn, was sie da tat, das war ihr klar, aber jetzt war es zu spät. Ihr Waisenkind war auf dem Weg zur Schule!

SECHSTES KAPITEL

In der fünften Klasse redeten alle gleichzeitig. Man hatte ihnen ausrichten lassen, Mrs Fern sei noch im Lehrerzimmer beschäftigt, käme aber in fünf Minuten mit der Anwesenheitsliste. Sie sollten sich also ruhig hinsetzen und die in den Ferien erledigten Hausaufgaben noch ein letztes Mal durchsehen.

Natürlich taten sie nichts dergleichen. Fünf Mädchen sangen und stellten sich vor, Mitglieder einer Girl-Band zu sein, drei Jungen spielten Fußball mit einer Orange und alle Übrigen waren damit beschäftigt, sich gegenseitig zu erzählen, was sie mit ihrer freien Woche angefangen hatten.

Lucy hatte ihre Sporttasche sorgfältig unter den Tisch geschoben, den sie mit Beth teilte, und wartete nun auf den richtigen Moment, um ihrer Freundin den Inhalt ihrer Tasche zu zeigen.

»Tut mir Leid, dass ich nicht bei dir war letzte Woche«, sagte Beth gerade. »Erst war meine Oma zu Besuch, dann ist meine Mutter mit mir in die Stadt zum Einkaufen gefahren und dann …«

»Und einmal warst du ja auch bei mir«, warf Courtney ein. Sie hatte den Tisch gewechselt, wie Lucy bemerkte. Jetzt saß sie genau hinter ihnen. »Wir haben den ganzen Nagellack von meiner Mutter aufgebraucht, um uns die Zehennägel anzumalen.«

Beth nickte etwas unsicher. »Und was hast du die ganze Woche getrieben, Lucy?«, erkundigte sie sich. »Wie geht es den Kälbern?«

Lucy beugte sich zu ihrer Sporttasche hinunter. »Den Kälbern geht es gut. Zumindest nehme ich das an«, sagte sie. »Ich war ziemlich mit anderen Dingen beschäftigt.«

Beth zog die Augenbrauen hoch. »Womit denn?«

»Sag's nicht – bestimmt geht es wieder um irgendwelche stinkigen Viecher!«, höhnte Courtney.

Lucy ignorierte sie. »Ich weiß nicht, ob du dich erinnerst – aber wir hatten ein Schaf, das nicht lammen wollte«, sagte sie zu Beth. »Tja, und gerade als wir überzeugt waren, dass sie nicht trächtig gewesen sein kann, bekam sie ihr Lamm doch noch. Nur hat sie die Geburt leider nicht überlebt.«

Beth bekam große Augen. »Oooh!«, sagte sie mitfühlend. »Und wie geht es dem Lamm? Hast du es gerettet?«

Lucy nickte. »Die ganze erste Nacht habe ich damit zugebracht, es mit der Flasche zu füttern. Alle drei Stunden! Inzwischen geht es ihm gut – eine wahre Schönheit ist es! Ich habe es Rosie getauft.«

»Aaah!«, sagte Beth. »Kann ich es mir ansehen kommen?«

»Klar kannst du das«, erwiderte Lucy. »Wenn du magst, kannst du es auch füttern.«

Courtney schwieg.

»In Wirklichkeit«, fügte Lucy hinzu und senkte die Stimme, »kannst du meine Rosie gleich jetzt besichtigen, wenn du willst.«

»Wie bitte? Wie meinst du das?«

»Sie ist hier, unter meinem Tisch!«, flüsterte Lucy. »Sie ist mir auf dem Weg zur Schule hinterhergelaufen und ich hatte keine Zeit mehr, sie noch nach Hause zu bringen.«

»Nein!« Beth schnappte nach Luft. »Du hast sie *wirklich* mit dabei? Du spinnst ja!«

Lucy kicherte. »Ich weiß, es ist verrückt, aber mir ist nichts anderes eingefallen. Ich dachte mir, sobald Mrs Fern mit der Anwesenheitsliste durch ist, könnte ich Rosie in die Sporthalle schaffen, während sich alle zum Turnen umziehen. Dort lasse ich sie bis zur Pause. Und dann … ich weiß nicht … vielleicht könnte ich mir eine Ausrede einfallen lassen, damit ich mal kurz heimkann um sie zurückzubringen.«

»Ist sie da drin?« Beth besah sich verblüfft die Sporttasche unter dem Tisch. »Geht es ihr auch gut?«

»Ich glaube, sie schläft«, sagte Lucy. »Sie schläft ziemlich viel und …«

Aber Beth hatte sich schon auf Hände und Knie niedergelassen und griff in die Tasche. »Ooohh! Bildschön ist sie! Darf ich sie rausholen und knuddeln?«

»Nein, ich will nicht, dass man sie rausholt«, wehrte Lucy ab. »Vielleicht bekommt sie Angst

bei all den Leuten hier. Und vor allem darf Mrs Fern nichts merken!«

Rosie hob plötzlich den Kopf und blickte um sich, ganz zufrieden in ihrer Sporttasche, umringt von Tisch- und Menschenbeinen.

Beth quietschte vor Lachen. »Sieh nur! Ist die süß!«

»So ein blöder Einfall!«, meldete sich Courtney da unvermittelt. »Ein Lamm mit in die Schule zu bringen! Was die Leute sich so alles ausdenken, nur um aufzufallen!«

»Sie ist mir nachgerannt!«, gab Lucy ärgerlich zurück. »Ich hatte keine andere Wahl!«

Als die Tür aufging, schüttelte Lucy ihre Freundin an der Schulter, damit sie aufstand. »Mrs Fern ist da!«, zischte sie.

Beth strahlte, als sie sich aufrichtete. »Ist die goldig! Ganz warm und flauschig!«

»Psst!«, machte Lucy.

Als Mrs Fern die Tür schloss und sich an ihr Pult setzte, verstummten alle. Mehr oder weniger jedenfalls.

»Tut mir Leid, dass ich mich verspätet habe«, sagte die Lehrerin. »Wir erledigen also schnell die Anwesenheitsliste, dann könnt ihr zum Turnunterricht in die Sporthalle gehen.« Sie sah sich um. »Bevor ich anfange, möchte ich aber, dass ihr vollkommen still seid.«

Als sämtliche Kinder verstummt waren, kam unter Lucys Tisch plötzlich ein lautes Blöken hervor. Während sich alle verdutzt umsahen, schlug Lucy die Hand vor den Mund.

Mrs Fern sah stirnrunzelnd auf. »Und wer immer da den Idioten spielt, hört besser auf der Stelle damit auf.«

Sie las etwa zehn Namen vor, bis wieder ein *»Bääää!«* ertönte.

»Ich finde das überhaupt nicht lustig«, sagte Mrs Fern und hob den Kopf. »Warst du das, Lucy?«

»Nein«, sagte Lucy. »Ich war es nicht. Jedenfalls nicht direkt.«

»Was willst du damit sagen?«

»Ich war es nicht, aber …« Als Lucy ins Stammeln kam und nicht mehr wusste wie weitermachen, platzte Courtney plötzlich heraus. »Sie hat ein Lamm unter dem Tisch, Miss!«

»Bääää! Bääää!«

Tumult und Chaos brachen in der Klasse aus. Die in Lucys Nähe tauchten unter ihren Tisch, um das Lamm zu besichtigen, die auf der anderen Seite der Klasse sprangen auf, um besser sehen zu können. Alle begannen durcheinander zu reden.

Mit ärgerlicher Miene klatschte Mrs Fern mehrmals in die Hände. »Hinsetzen!«, rief sie. »Alle hinsetzen!« Nach einigen Minuten, als alle wieder auf ihren Plätzen saßen, wandte sie sich mit ziemlich strenger Miene Lucy zu: »Und nun schlage ich vor, dass du uns genau erklärst, was hier vor sich geht.«

SIEBTES KAPITEL

Zehn Minuten später flitzte Lucy mit dem Lamm unter dem Arm wieder zurück zur Hollybrook Farm.

»Mrs Fern war eigentlich ganz in Ordnung«, sagte sie zu Rosie. »Sie war zwar ein bisschen überrascht, aber als ich ihr erklärt habe …«

Sie drückte Rosie fest an sich. »Haben die alle einen Wirbel um dich gemacht! Und ich musste ihnen erzählen, wann du zur Welt gekommen bist und wie ich dich mit der Flasche gefüttert habe. Und alle wollten dich auf den Arm nehmen …«

Sie machte am Gatter halt und hielt das

Lamm mit baumelnden Beinen vor sich in die Höhe. »Aber das darfst du nicht noch mal machen!«, befahl sie und versuchte dabei streng zu klingen. »Ich werde Dad bitten, dass er sich heute Abend den Zaun von der Schafweide ansieht, damit wir wissen, wie du entwischt bist.«

Rosie machte so weit das Mäulchen auf, dass Lucy zwei Reihen weißer Zähne und eine rosa Zunge sehen konnte. »Bäää!«

Lucy kicherte. Wer konnte einem Lamm schon böse sein? Vor allem einem, das so hübsch war wie Rosie?

Ein ziemlich mitgenommen aussehender Landrover kam den Weg entlang auf Lucy zugefahren und hielt mit quietschenden Bremsen an. »Was treibst du denn da, Mädchen?«, fragte Mr Mack und beugte sich zum Fenster hinaus. »Man sieht dich gar nicht mehr ohne dieses Lamm in letzter Zeit. Müsstest du jetzt nicht beim Unterricht sein?«

»Rosie ist mir zur Schule nachgelaufen«, erzählte Lucy grinsend. »Und jetzt bringe ich sie wieder heim.«

Mr Mack lachte schallend. »Sie ist dir zur Schule nachgelaufen?«, wiederholte er. »Nicht schlecht. Was wäre, wenn es meine ebenso halten würden? Stell dir vor, sonntags, zur Essenszeit, kämen ein paar hundert Lämmer hinter mir hergerannt in die Dorfkneipe!«

Immer noch lachend fuhr er davon. Lucy setzte Rosie bequemer zurecht und ging weiter

Richtung Hollybrook Farm. Wie sie wusste, waren ihre Eltern zum Markt gefahren, also würde sie Rosie in den Heuschober sperren und einen Zettel hinterlassen.

Als sie zu Hause ankam, fand Lucy zu ihrer Überraschung das Tor offen vor. Nun, vielleicht waren ihre Eltern ja in aller Eile zum Viehmarkt aufgebrochen, um nichts zu verpassen.

In diesem Augenblick tauchte hinter dem Hühnerstall ein Mann auf.

Ein Mann, den sie noch nie gesehen hatte.

Lucy schnappte nach Luft. »Wer sind …«, begann sie, doch dann wurde ihr klar, wer es sein musste. Natürlich! Mr Glen! Heute wurde ja ihr allererster Gast erwartet.

»Oh, sind Sie Mr Glen?«, fragte Lucy. Ohne auf eine Antwort zu warten, sprach sie weiter. »Tut mir Leid – Mam und Dad sind unterwegs. Wir haben Sie erst heute Abend erwartet – meine Mutter wird sich ärgern, dass sie nicht da war, um Sie in Empfang zu nehmen.«

Der Mann öffnete den Mund und schloss ihn dann wieder.

»Sind Sie mit einem früheren Zug gekommen?«, wollte Lucy wissen. »Soll ich Ihnen Ihr Zimmer zeigen? Bestimmt ist es schon fertig hergerichtet.« Die Gedanken überschlugen sich in Lucys Kopf. Ihre Eltern kamen nicht vor Mittag zurück, wie sie wusste. Dabei hatte es ihrer Mutter wirklich am Herzen gelegen, diesem Mr Glen zu zeigen, dass er willkommen war. »Während Sie Ihren Koffer nach drinnen schaffen, könnte ich Ihnen eine Tasse Tee machen«, bot sie an.

»Das wäre nett. Genau das hat mir der Arzt verordnet«, sagte der Mann lächelnd. »Und ich würde mir auch gern mein Zimmer ansehen.«

Lucy holte den Ersatzschlüssel unter der großen Muschel hervor, wo er immer lag. Immer noch mit Rosie auf dem Arm ging sie voraus durch den Vorraum, der leer war, weil ihre Eltern Roger und Podger zum Markt mitgenom-

men hatten. »Das ist übrigens meine zahme Rosie«, sagte sie. »Ich meine, ich laufe normalerweise nicht mit einem Lamm auf dem Arm herum. Aber es ist mir zur Schule nachgerannt und jetzt bringe ich es heim.« Sie warf dem Mann einen Blick zu. Ein schweigsamer Mensch war das. »Aber so trifft es sich ja gut, sonst hätten Sie hier den ganzen Vormittag warten müssen.«

»Ein schöner Raum«, sagte der Mann und warf einen prüfenden Blick durch die Küche. »Ein prächtiger alter Holztisch!«

Lucy nickte und stellte Rosie am Boden ab, wo sie keinen Unfug anrichten konnte. Sie setzte den Wasserkessel auf und ging in die Speisekammer, um die Teedose zu holen. »Hätten Sie lieber einen Kaffee?«, rief sie nach draußen. Keine Antwort.

Gerade als Lucy mit Tee- und Kaffeedose beladen die Speisekammer verlassen wollte, wurde ihr plötzlich die Tür vor der Nase zugeschlagen. Dann drehte sich der Schlüssel im Schloss.

»Was tun Sie denn da?«, rief Lucy erschrocken. »Was soll denn das?«

Keine Antwort. Man hörte nur, wie jemand nach oben zu den Schlafzimmern rannte. Und von der Küche her erklang Rosies Blöken.

Mit einem Schlag wurde Lucy alles klar. Das ist gar nicht dieser Mr Glen!, dachte sie entsetzt. Und wenn er es nicht ist, dann …

»Lassen Sie mich raus!«, schrie sie und schlug gegen die Speisekammertür. »Lassen Sie mich sofort raus! Sie sind überhaupt nicht Mr Glen! Sie sind ein Einbrecher!«

Lucy war nicht überrascht, als sie keine Antwort erhielt. Doch da meldete sich Rosie.

»Bäää!«, blökte sie. »Bäää-äää!«

»Ist alles in Ordnung mit dir, Rosie?«, rief Lucy verzweifelt. Angenommen, Rosie tat sich weh – sprang auf den Herd oder irgendwas? Angenommen, der Mann tat ihr etwas an?

Sie hörte seine schweren Stiefel poltern, als er wieder die Treppe herunterkam. Schleppte er etwas mit sich? Brachte er Dinge – Diebesgut – nach unten?

»Lassen Sie mich raus!«, schrie Lucy ohne viel Hoffnung. Sie hörte den Mann ins Wohnzimmer gehen – zweifellos um zu sehen, was es dort an Lohnendem gab. Jetzt kam das Blöken vom Flur her und war leiser.

»Rosie!«, rief Lucy unruhig. Hoffentlich kam das Lamm dem Mann nicht in die Quere. Womöglich war er gewalttätig.

O nein! Lucy ließ sich zu Boden sinken. Was für eine Närrin war sie doch gewesen! Was würden ihre Eltern sagen, wenn sie feststellten, dass

ihre Tochter den Einbrecher ins Haus gebeten und willkommen geheißen hatte? Oh, wie hatte sie nur so dumm sein können, einfach davon auszugehen, dass es Mr Glen war?

»Bäää!«, erklang es mehrmals, dann folgte ein kurzes, erschrockenes Blöken, als hätte man das Lamm plötzlich zum Schweigen gebracht.

»Rosie?«, rief Lucy voller Angst. »Alles in Ordnung mit dir?«

Keine Antwort, nur die Geräusche des Mannes, der durchs Haus ging – und vermutlich alles stahl, was nicht niet- und nagelfest war. Vielleicht ließ er ja wirklich alles mitgehen, was sie besaßen? Und was hatte er mit Rosie angestellt?

Lucy sprang auf. »Lassen Sie mich raus!«, schrie sie wieder und trommelte wie wild auf die Tür ein. »Lassen Sie mich sofort raus!«

Aber niemand kam.

ACHTES KAPITEL

Lucy presste das Ohr gegen die Speisekammertür und lauschte angestrengt. Hatte der Mann inzwischen das Haus verlassen? Oder war er im Esszimmer und stahl ihre besten Silbermesser und Gabeln? Und was noch wichtiger war – wo steckte Rosie? Was hatte der Mann mit ihr angestellt?

Sie sah sich in der Speisekammer um, ließ den Blick über die vielen Regalbretter mit den Gläsern, Dosen, Paketen und Schüsseln wandern. Nahrung in Hülle und Fülle. Wie lange sie auch immer hier eingeschlossen sein mochte, verhungern würde sie zumindest

nicht. In der Wand war ein Fenster mit einem Drahtgitter davor, aber das war viel zu klein zum Durchkriechen. Wäre Rosie mit ihr hier drin gewesen, dachte sich Lucy, dann hätte sie vielleicht getan, was die Leute in Büchern in solchen Situationen immer taten. Sie hätte das Gitter aufgestemmt und Rosie mit einem Zettel um den Hals, auf dem sie um Hilfe bat, nach draußen geschoben. Nur hatte sie ja keinen Schimmer, wo Rosie überhaupt war. Besorgt nagte sie auf ihrer Lippe. Hoffentlich war ihr nichts zugestoßen!

Lucy blickte noch einmal zum Fenster hinauf. Sie schob einige Marmeladengläser beiseite und kletterte aufs Regal um zu sehen, was draußen vor sich ging. Aber es hatte keinen Zweck, das Gitter war so engmaschig, dass man nicht hindurchsehen konnte. Sie legte den Mund dicht davor und schrie: »Hilfe!«, und dann: »Hilfe, ich bin eingeschlossen!«, bis sie heiser war.

Wie viel Uhr es wohl sein mochte? Würden

ihre Eltern nach dem Markt gleich nach Hause kommen oder würden sie erst noch einkaufen fahren? Ob sich die in der Schule wohl fragten, was aus ihr geworden war? Würde Mrs Fern wütend werden?

Lucy kletterte wieder vom Regal herunter und rieb sich die Knie. Es war kalt in der Speisekammer. Wie lange sie es hier wohl noch aushalten musste? Es kam ihr so vor, als sei sie schon Stunden da drin. Was machte dieser Mann gerade? Wo war Rosie?

Plötzlich hörte sie schwache Laute. Der Mann redete mit jemandem. Lucy hatte jedoch niemanden kommen hören, also besaß er vielleicht ein Handy und telefonierte gerade.

»Fertig, Stan«, hörte sie den Mann sagen. »Du kannst jetzt kommen. Der ganze Kram ist fertig zum Aufladen.«

Natürlich!, dachte Lucy. Sie waren zu zweit! Jemand saß in einem irgendwo am Weg geparkten Transporter und wartete!

Jetzt hörte man ein großes Fahrzeug auf den Hof fahren.

»Lasst mich hinaus!«, schrie Lucy, so laut sie nur konnte. »Hilfe! Diebe!«

Plötzlich, gerade als sie kurz davor stand, vor Zorn und Frustration in Tränen auszubrechen, hörte sie, wie ein anderes Fahrzeug mit quietschenden Reifen auf den Hof gefahren kam. Und dann noch eines und ein drittes. Sirenen ertönten, Männer schrien.

Einen Augenblick lang, während sie sich überlegte, was da wohl vor sich ging, verhielt sich Lucy ganz still. Dann begann sie wieder zu rufen und gegen die Tür zu hämmern. »Ich bin in der Speisekammer – hinter der Küche! Hilfe! Man hat mich eingesperrt!«

Sie hörte, wie jemand in die Küche kam. »Hierher!«, rief sie und war entzückt über das *Bääää!,* das als Antwort kam.

»Man hat mich in die Speisekammer gesperrt!«

Der Schlüssel drehte sich im Schloss, die Tür

öffnete sich – und da stand Mr Mack mit Rosie unter dem Arm.

Lucy umarmte ihn – umarmte alle beide. »Danke, Mr Mack!« Ihr war ganz schwach zumute, so erleichtert war sie. »Wo haben Sie Rosie gefunden? Was tut sich draußen? Hat die Polizei den Mann festgenommen? Hat er Rosie auch nichts getan?«

»Jetzt mach mal schön langsam!« Mr Mack lächelte. »Eine Frage nach der anderen, bitte!«

Hocherfreut, weil sie die beiden Einbrecher, die so viel Unheil in der Gegend angerichtet hatten, auf frischer Tat ertappen konnten, waren die Polizisten weggefahren. Gleich darauf kamen Lucys Eltern heim. Sie steckten Kerry für einen kleinen Mittagsschlaf ins Bett, und während Lucy ihre Seite der Geschichte erzählte, saßen sie alle miteinander um den Küchentisch und tranken Tee. Rosie, die inzwischen ein Fläschchen bekommen hatte, lag nun wie eine Katze zusammengerollt unter Lucys Stuhl.

»Und dann«, kam Lucy mit ihrer Geschichte zu Ende und strahlte ihren Helden an, »dann kam Mr Mack und rettete mich!«

Mrs Tremayne legte den Arm um die Schultern ihrer Tochter und drückte sie fest. »Du hast deine Sache gut gemacht, Schatz!«, sagte sie. »Ich bin sehr erleichtert, dass dir nichts zugestoßen ist.« Mit einem Lächeln fuhr sie an Mr Mack gewandt fort: »Wir müssen unserem

guten Stern danken, dass Sie vorbeigekommen sind und begriffen haben, was hier im Gange war.«

»Nun, dass irgendwas vorgefallen sein musste, ahnte ich zu diesem Zeitpunkt ja schon«, antwortete Mr Mack. »Kurz zuvor hatte ich ja Lucy mit ihrem zahmen Lamm getroffen. Und dann kam es plötzlich mutterseelenallein die Straße entlanggaloppiert!«

»Und wie ging es weiter?«, wollte Lucys Vater wissen.

»Tja, ich habe es mir gegriffen, um es Lucy zurückzubringen. Und als ich in der Nähe vom Haus war, hörte ich sie von drinnen aus Leibeskräften etwas von Einbrechern brüllen und dass man sie eingeschlossen hätte.« Mr Mack lachte glucksend. »Ein Wunder, dass man sie nicht bis ins Dorf gehört hat! Als ich durch ein Fenster einen kurzen Blick auf einen der Kerle werfen konnte, war alles klar und ich rannte querfeldein, um die Polizei anzurufen – na ja, den Rest kennen Sie ja.«

Tim Tremayne ließ den Arm auf Mr Macks Schultern fallen. »Ja, den kennen wir! Ich bin Ihnen mehr als dankbar!«

»In Wirklichkeit sollten Sie diesem Lamm dankbar sein.« Mr Mack kratzte sich die Koteletten. »Ich will nicht mehr Mackintyre heißen, wenn es nicht den Weg entlanggerannt ist um mich zu holen.«

»Genau so war es, da bin ich sicher«, meinte Lucy.

Ihr Vater grinste sie an. »So hat also das Lamm, das du gerettet hast, jetzt *dich* gerettet.«

Lucy hob Rosie auf und drückte sie fest an sich. »Ich wusste gleich, dass sie etwas ganz Besonderes ist.«

»Dann werden wir sie wohl doch nicht zu einem Bettvorleger verarbeiten«, gab ihr Vater zurück.

»Versuch es nur!« Lucys Mutter räumte die Tassen weg. »Ich hasse es, jetzt damit anzufangen, Lucy«, sprach sie weiter, »aber ich glaube wirklich, du solltest wieder zur Schule gehen.

Sie werden sich fragen, was aus dir geworden ist.«

»Du hast wohl Recht«, sagte Lucy widerstrebend und dachte bei sich, dass die Schule nach diesem aufregenden Abenteuer schrecklich langweilig werden würde.

Gerade wollte Lucy ihre Mutter bitten, Rosie im Haus zu lassen, bis sie außer Sicht war, als draußen im Hof Roger und Podger anschlugen. Einen Augenblick später hörte man ein zaghaftes Klopfen an der Küchentür. »Entschuldigen Sie bitte …«, erklang eine Stimme und ein Mann streckte den Kopf herein. »Ich glaube, ich komme ein bisschen zu früh …«

Alle schauten in seine Richtung.

»Glen ist mein Name«, sagte er – und fragte sich, warum alle in schallendes Gelächter ausbrachen.